세상 쉬운

내 아이
이유식

초판 1쇄 인쇄 2025년 6월 18일
초판 1쇄 발행 2025년 6월 25일

지은이 배은경(도림맘)

발행인 장상진
발행처 (주)경향비피
등록번호 제2012-000228호
등록일자 2012년 7월 2일

주소 서울시 영등포구 양평동 2가 37-1번지 동아프라임밸리 507-508호
전화 1644-5613 | **팩스** 02) 304-5613

ISBN 978-89-6952-623-6 13590

아이 혼자서도 잘 먹는 초간단 자기주도 이유식 135

세상 쉬운
내 아이
이유식

배은경(도림맘) 지음

경향BP

프롤로그

안녕하세요. 도림맘입니다.

저의 두 번째 책을 출간하게 되었네요. 이번 책에는 세 아이를 키우며 느낀 엄마의 고민을 담았습니다.

첫째는 완모를 하며 정해진 규칙 없이 모유 수유와 이유식을 병행했는데, 둘째는 워낙 조금 먹는 아이여서 이유식으로 죽을 끓여도 먹는 것보다 버리는 날이 많았습니다. 아이가 잘 먹으면 시간을 정해서 규칙적으로 줄 수 있고 먹는 양도 정확히 알 수 있는데, 둘째는 워낙 먹는 양이 적어서 어떻게든 자주 먹이는 방법밖에 없었습니다.

그렇게 모유 수유하는 첫째와 조금 먹는 둘째에게 맞춰 이유식을 준비하다 보니 어느새 저는 쉬는 시간도 없이 아이들의 밥만 챙기고 있더라고요. 이유식을 아이에게 주다 보면 잘 먹는 날은 너무 좋지만, 너무 안 먹는 날은 저도 모르게 말도 못하는 아이에게 "아, 왜 이렇게 안 먹어?" 하면서 짜증도 내면서요.

아이들이 잠든 뒤에 남편과 함께 이유식 재료를 손질하고, 갈아서 큐브로 만들고, 육수를 만드는 과정은 행복하고 재미있는 시간이었습니다. 하지만 아이가 안 먹는 날에는 내가 고생해서 만든 요리를 잘 먹지 않는다는 사실이 속상하기도 하고 남은 음식을 버리려니 화가 나기도 했습니다.

그래서 이건 안 되겠다 싶어 고민하다가 최대한 쉽고 빠르게 만들어 아이가 잘 먹지 않아도 "쉬우니까 다시 만들면 되지." 하는 마음으로 아이들의 이유식을 준비하게 되었습니다. 그리고 제가 먹여 주는 게 아니라 아이들에게 음식을 주고 저도 옆에서 그 시간에 끼니를 챙겨 먹었습니다.

그렇게 저의 이유식 메뉴들이 탄생하게 되었습니다. 분유를 잘 먹지 않는 아이의 영양소를 보충하고, 비록 규칙적이지 못하더라도 통에 담아 뒀다가 아이가 먹고 싶어 하면 언제든 꺼내어 줄 수 있는 메뉴들입니다.

육아는 장기적으로 오랜 시간 아이와 함께하는 것이라 엄마가 스트레스를 받으면 온전히 아이에게 되돌아가게 되어서 무엇보다도 엄마가 편해야 합니다. 그러니 아이가 먹는 양에 대한 조바심을 조금 내려놓고 아이에게 음식을 맡겨 보세요. 아이주도 이유식은 죽 이유식처럼 용량을 측정할 수 없기 때문에 먹은 양에 집착하지 않아 오히려 하루가 편안합니다. 아이가 혼자서 잘 먹다 보면 어느새 아이에게 살이 붙고, 이유식을 먹으며 웃는 아이의 모습을 보면 요리하는 시간이 더 즐거워집니다.

엄마가 너무 잘하려다 보면 아이가 잘 먹는 레시피를 찾는 과정에서 지치고, 복잡하고 어려운 순서 때문에 다 완성하기도 전에 스트레스를 받습니다. 이 책에는 요리를 잘 못하는 엄마 아빠도 아이에게 음식을 만들어 주는 그 시간이 즐거울 수 있도록 정말 손쉬운 레시피만 담았습니다.

연년생 두 아이를 키우고 셋째까지 연이어 태어나 홀로 육아를 하려다 보니 식단표에 맞는 이유식을 챙기는 게 저에게는 어려운 일이었고, 연년생 아이들을 키우며 터득한 노하우와 두 아이의 끼니를 챙기며 셋째의 이유식만 붙들고 있을 수 없어서 셋째가 직접 잡고 먹을 수 있도록 만들어 낸 메뉴들입니다. 아주 간단하고 쉬운 메뉴들이라 초보자라도 부담 없이 만들 수 있습니다.

이 책이 세상에 나오기까지 옆에서 많이 응원해 준 남편과 늘 기도해 주는 엄마, 그리고 바쁜 엄마를 늘 기다려 준 도연, 도은, 도린이에게 고마운 마음을 전합니다.

도림맘 배은경

차례

1장

프라이팬으로 만드는 팬케이크 & 오믈렛 & 전

2장

에어프라이어 & 오븐으로 만드는 쌀빵

3장

전자레인지로 만드는
빵 & 케이크 & 떡 & 찜

4장

손에 쥐고 먹기 좋은
볼 & 바

5장
혼자서도 잘 떠먹는
수프 & 죽 & 리소토 & 파스타

6장
아기를 위한
음료 & 소르베

이 책에 수록한 레시피 분량은 다음과 같습니다.

- 팬케이크, 머핀, 쿠키, 볼, 바, 떡 등은 1~2회 분량입니다. 아이에게 분유 없이 이유식으로만 온전한 한 끼로 제공할 경우 한 가지 메뉴로만 구성한다면 1회분을 전량 제공하고, 다른 메뉴와 함께 구성한다면 2~3회로 나누어 제공하면 됩니다.
- 수프, 죽, 리소토, 파스타, 오믈렛, 찜 등 한 그릇 음식은 1회 분량입니다. 숟가락질이 미흡한 아이들은 입으로 들어가는 것보다 흘리는 양이 많기 때문에 전량 다 제공하는 것을 추천합니다.
- 팬케이크나 전 등은 1~2회 분량입니다. 반죽을 미리 만들어 두고 먹을 만큼만 굽거나, 구워서 냉동 보관하면 됩니다.(종이포일을 사이에 끼워 넣으면 1장씩 떼어 내기 편리합니다.)
- 음료, 소르베, 잼, 소스 등은 1~2회 분량입니다.

아이주도 이유식은 무엇인가요?

이유식은 아이가 모유 또는 분유를 먹다가 일반 음식으로 넘어가는 중간 과정입니다. 아이가 점점 다양한 식품을 접하면서 집고, 씹고, 삼키는 능력을 기를 수 있도록 도와주는 아주 중요한 단계입니다.

　모유(분유)를 먹던 아이는 고형물의 음식을 처음 접하게 되고, 입을 움직이는 연습을 통해 음식물을 씹고 목으로 넘기고 소화시키는 일련의 과정을 배우게 됩니다. 이 과정을 통해 음식과 친해지고, 엄마 아빠와 함께 식탁에 앉아 먹으며 가족의 식사 문화를 배우고, 스스로 밥을 먹을 수 있도록 연습을 하게 됩니다.

　이유식에는 죽 이유식, 토핑 이유식, 아이주도 이유식 등 다양한 형태가 있습니다. 그중 아이주도 이유식(Baby-Led Weaning)은 엄마가 떠서 아이에게 먹여 주는 것이 아니라 아이가 직접 음식을 집어 냄새를 맡고, 음식을 입에 가져가며 탐색하는 방식을 말합니다. 아이가 주도하여 음식을 먹고 싶을 때 먹고, 배부르면 멈추어 아이의 자율성을 존중하는 방식입니다.

　매번 이유식을 먹을 때마다 시간과 용량을 체크하는 방식에서 벗어나 아이가 먹고 싶어 할 때 손에 쥐어 주면 됩니다. 아이가 직접 입에 가져가고, 빨고, 씹고, 삼키는 연습을 할 수 있도록 해 아이가 식사 시간을 주도하는 것에 초점을 맞춘 방식입니다.

　아이가 자신이 먹는 방법을 선택하고, 먹고 싶은 만큼의 양을 먹으며 주도적으로 행동할 때 엄마 아빠는 아이를 기다려 주고, 아이의 선택을 존중해 주어야 합니다. 어느 날은 아이가 잘 먹지만 때로는 아예 입을 벌리지 않는 날이 있기도 합니다. 부모가 열심히 만든 음식을 아이가 하나도 먹지 않으면 속상하기도 하고, 답답하기도 하고, 너무 안 먹어 걱정이 될 수 있습니다. 하지만 부모는 한 발짝 물러나 아이가 스스로 먹을 수 있도록 아이를 믿고 기다려 주어야 합니다.

아이에게 억지로 먹이는 것은 아이와 엄마 모두에게 스트레스가 될 수 있습니다. 아이가 성장하면 대화를 통해 식사를 유도할 수 있지만 돌 이전의 아이는 엄마의 말을 이해하기 어렵기 때문에 억지로 먹이지 말고 가족이 함께 식사를 하며 식사 시간이 즐겁다는 인식을 만들어 주는 것이 중요합니다.

꼭 아이주도 이유식만 해야 하는 것은 아닙니다. 죽 이유식을 하고 있다면 가끔 아이주도 이유식과 병행해 보세요. 아이가 이유식을 먹을 때 엄마도 옆에서 함께 식사를 하고, 커피를 마시며 즐거운 시간을 보내며 아이가 식탁에서의 즐거움을 함께 느낄 수 있도록 해 주세요. 아이가 먹는 양에 집중하지 않고, 아이와 함께하는 식사로 초점을 바꾸면 엄마도 아이도 즐거운 식사 시간이 될 수 있습니다.

아이주도 이유식은
언제, 어떻게 시작해야 할까요?

아이주도 이유식은 아이가 이유식을 처음 시작하는 생후 6개월 이후부터 시작할 수 있습니다. 죽 이유식과 다르게 아이의 개월 수에 따라 먹는 양을 정해 놓는 것이 아니라 아이가 먹으려는 신호를 보일 때 시작하는 것이 좋습니다.

아이가 음식에 대한 관심을 가지기 시작할 때

생후 5개월 이후부터 엄마 아빠의 식사 자리에 아이를 앉혀 함께하세요. 아이가 음식을 바라보고 손을 뻗거나, 입맛을 다시며 엄마가 먹는 것을 따라 하려는 행동을 보이면 음식에 대한 호기심이 생긴 것으로 볼 수 있습니다. 이때부터 이유식을 시작하면 됩니다. 아직 아이가 반응이 없다면 엄마 아빠가 식사 자리에서 아이의 동참을 유도해 보세요.

혼자 앉고, 머리를 안정적으로 가눌 수 있을 때

혼자 앉는다는 것은 단순하게 의자에 앉혀지는 것이 아니라 아이가 스스로 상체를 지지하고 균형을 잡는 힘이 있는 상태를 말합니다. 하이체어나 범보의자를 사용하면 아이가 아직 혼자서 앉는 힘이 부족하더라도 의자에 기댈 수 있어 똑바로 앉을 수 있습니다. 혹시 아이가 의

자에서 한쪽으로 기울어진다면 아이의 옆구리나 허리 주변을 수건이나 베개로 채워 몸을 지지해 주세요.

아이주도 이유식은 아이가 스스로 음식을 집어 먹는 방법이기 때문에 바르게 앉아서 먹어야 목과 상체의 근육으로 기도를 보호해 불안정한 삼킴을 줄여 질식 위험을 줄일 수 있습니다. 처음에는 짧은 시간 동안 의자에 앉혀서 시작하고, 아이가 힘들어하고 계속해서 자세가 무너진다면 즉시 중단하고 아이가 쉴 수 있도록 해 주세요.

손과 입의 협응력이 발달했을 때

아이가 물건을 손으로 잡아 입으로 가져가는 행동을 보이기 시작하고, 음식을 스스로 잡을 수 있을 때 시작하는 것이 좋습니다. 생후 4~6개월의 아이들은 입에 들어온 것을 반사적으로 혀로 밀어내는 '설압반사'를 합니다. 이 반사가 약해지고 입으로 음식을 가져가 삼키려고 하면 이유식을 시작할 준비가 된 상태입니다.

아이가 손으로 음식을 집어 입에 넣으면 처음에는 익숙하지 않아 헛구역질을 하게 됩니다. 처음에는 음식을 씹는 저작 운동이 부족해서 음식을 빨게 되는데 이 과정에서 목구멍으로 바로 음식물이 넘어가지 않도록 손에 쥘 수 있는 긴 형태의 음식을 주는 것이 좋습니다. 혹시 음식물이 입안에 다 들어가더라도 바로 목구멍 안으로 넘어가지 않는 게 중요합니다. 이가 난 이후에는 아이가 음식을 끊어 낼 수 있지만 초기에는 꼭 주의 깊게 살펴주세요.

아기주도 이유식을 처음 할 때 무엇을 어떻게 줘야 하나요?
아기주도 이유식을 처음 시작할 때는 원물스틱(31쪽 참고)을 부드럽게 쪄 내 아이에게 제공해 줍니다. 이 과정에서 아이는 음식물을 집어 입에 가져가는 방법을 배우게 됩니다. 이런 식으로 원물을 하나씩 테스트하며 알레르기 반응을 살펴봅니다. 만약 이유식을 고형물로 시작하는 게 두렵다면 쌀미음으로 먼저 시작한 후 찐 스틱으로 이어 가는 것도 괜찮습니다.

아이주도 이유식을 시작하기 전에 준비하세요

아이의 준비 사항

아이주도 이유식을 시작하기 전에 아이가 바르게 앉아서 먹을 수 있도록 아이의 허리힘을 길러야 합니다. 생후 6개월 아이가 아직 스스로 앉지 못하는 건 당연한 일입니다. 하지만 아이가 손을 바닥에 지지하고 앉거나 부모에게 기대어 앉는 연습을 통해 아이의 허리힘을 기를 수 있습니다.

처음에는 아이가 계속 옆으로 넘어지지만 매일 조금씩 앉는 시간을 늘리면 아이의 허리힘이 길러지니 꾸준히 앉히는 연습을 해 주세요. 보통 생후 6개월부터 연습하면 돼요. 하지만 아이에 따라 다를 수 있으니 아이가 잘 앉아 있지 못할 경우 너무 조급하게 생각하지 말고 아이의 발달 시기에 맞춰 기다려 주세요.

부모의 준비 사항

겸상을 통해 아이의 흥미를 유발하세요

아이는 엄마의 행동을 모방하는 본능이 있습니다. 아이주도 이유식을 시작하기 전부터 아이가 이유식을 먹지 않더라도 겸상을 통해 아이에게 흥미를 유발시켜 주세요. 아이는 엄마가 식탁에서 음식을 먹는 걸 보면서 음식 씹는 과정을 유심히 살펴보고 저작 운동을 따라 하게 됩니다. 아이가 엄마 아빠와 식사 자리를 함께하며 자연스럽게 건강한 식습관을 배울 수 있습니다.

엄마가 안 먹는 음식은 아이도 잘 안 먹게 됩니다. 이유식을 제공하는 주체인 엄마가 주로 요리를 하다 보면 엄마가 좋아하는 식재료를 주로 사용하게 되고, 살 먹지 않는 재료는 사용하지 않게 되기 때문이지요. 우리 집의 식사 문화와 식습관이 그대로 아이에게 전달되게 되니 아이가 골고루 잘 먹기 바란다면 식사를 준비할 때 다양한 재료를 활용하고, 식탁에서 엄마 아빠가 즐겁게 식사하는 시간을 갖는 것이 중요합니다.

부모님도 마음의 준비를 하세요

아이주도 이유식이 잘 이루어지면 아이와 함께 식사하며 즐거운 시간을 보낼 수 있지만 아이가 훈련이 되기까지는 시간이 필요합니다. 아이가 처음부터 끝까지 스스로 먹기 때문에 주변이 더러워지기도 하고, 어떤 날은 음식을 먹지 않고 손으로 주물럭거리며 엉망진창이 되는 날도 있을 거예요.

아이가 아직 입에 넣고 씹고 삼키는 게 미숙하다 보니 반 이상을 흘리고 버리는 날이 태반입니다. 단 한 입이라도 아이가 먹고, 입에 가져간다면 아이에게 칭찬을 해 주고 용기를 북돋아 주세요. 점점 더 잘 먹는 아이의 모습을 발견할 수 있습니다.

부모가 직접 먹여 주는 죽 이유식도, 아이주도 이유식도 아이가 잘 먹는 날이 있는가 하면 잘 안 먹는 날도 있습니다. 아이가 잘 먹지 않더라도 '뭐 안 먹으면 어때?' 하는 마음으로 편안하게 동참해 주세요. 아이가 먹는 양에 연연하지 말고 아이를 기다려 주는 마음가짐이 필요합니다.

아이주도 이유식을 하면 바닥과 식탁, 아이의 얼굴이 엉망진창이 되지만 식사가 다 끝난 뒤에 한꺼번에 치우면 됩니다. 아이가 흘리고 먹는 건 당연한 일이니 어지럽히는 것에 신경 쓰지 말고 아이와 함께 행복한 식사 시간을 즐기세요.

아이주도
이유식의 단계

아이주도 이유식은 죽 이유식처럼 개월 수를 구분하지 않지만 이해를 위해 크게 1 단계, 2단계, 3단계로 나누어 설명하겠습니다. 이 책에서 개월 수를 구분하지 않은 이유는 아이마다 발달 시기가 다르고, 아이주도 이유식의 시작 시기가 다르기 때문입니다. 아기주도 이유식을 처음부터 시작하는 아이도 있고, 중간부터 시작하는 아이도 있고, 죽 이유식과 병행하는 아이도 있습니다. 다음 3단계 중 아이의 상태에 따라 알맞게 시작해 보세요.

1단계 아이주도 이유식의 시작과 준비

아이가 혼자 앉고, 음식을 입으로 가져가는 시기로 너무 단단하지 않고 부드러운 음식 위주로 제공합니다. 아직 아이가 스스로 떠먹을 수 없기 때문에 죽, 수프 같은 형태, 또는 너무 작은 크기가 아니라 아이가 손에 쥐기 좋은 덩어리로 제공합니다. 첫 시작부터 덩어리 있는 음식을 주는 것이 두렵다면 쌀미음과 함께 병행해도 좋습니다. 아이는 부모가 생각하는 것보다 훨씬 잘 따라 하고 금방 배웁니다.

이 시기는 먹는 것보다 탐색하는 시간입니다. 그래서 아이가 먹는 것보다 바닥에 던지고, 버리고, 흘리는 양이 더 많습니다. 아이는 아직 씹는 저작 운동이 부족해서 음식이 덩어리째 입에 들어가게 되면 씹어 삼키지 못해 스스로 다시 입 밖으로 뱉어 냅니다. 하지만 초조해하지 말고 기다려 주세요.

이 시기에 제공하는 음식은 아이가 잇몸으로 눌렀을 때 잘 으스러져야 하므로 엄마가 손에 힘을 주어 눌렀을 때 잘 으스러지는지 확인하는 것이 좋습니다.

예) 찐 당근, 찐 셀러리, 구운 버섯, 구운 파프리카, 구운 호박 등

2단계 저작 운동을 본격적으로 시작하는 시기

아이가 본격적으로 입을 오물오물하며 음식을 씹는 연습을 할 수 있는 시기입니다. 그대로 삼키는 것이 아닌 잘라내는 연습을 하고, 구역반사를 통해 음식물을 조절하며 목으로 넘기는 연습을 합니다. 손으로 음식을 잡는 것도 능숙해지기 때문에 질감을 점점 더 다양하게 제공하고 단백질, 철분이 풍부한 육류를 추가하는 것이 좋습니다.

1단계와 달리 너무 부드러운 음식만 제공하면 저작 운동 연습이 부족해집니다. 조금 단단해진 형태의 음식을 제공해 이가 나지 않은 아이도 잇몸으로 음식을 자르는 연습을 하게 합니다.

이 시기에는 손에 음식물을 쥐고 먹으면 윗부분만 먹는 것이 아니고 손을 쥐고 펴는 과정을 통해 손 안에 있는 음식까지 입안에 넣게 됩니다. 따라서 다양한 질감을 느낄 수 있는 음식을 제공하는 것이 좋습니다.

예) 머핀 형태, 스틱 형태

3단계 스스로 먹는 능력이 향상되는 시기

아이가 손 전체가 아닌 손가락을 이용해 잡는 소근육의 힘이 발달하고, 저작 운동도 꽤 잘하는 시기입니다. 이제는 음식을 덩어리 그대로 삼키는 게 아니라 작은 음식도 한 번 더 씹는 과정을 통해 잘게 부수는 게 익숙하므로 음식의 크기를 점점 작게 하고, 도구(숟가락, 포크)를 통해 음식을 집을 수 있도록 합니다.

아이는 규칙적인 식사를 통해 차츰 식사 시간을 이해하고 우리 집의 식사 문화를 이해하게 됩니다. 이 시기에는 흘리는 양보다 먹는 양이 늘어나고, 아이에게 자아가 생겨 좋아하는 음식과 싫어하는 음식이 구분되기도 합니다. 아직 음식에 간을 하지 않고 편식이 나타나지는 않으므로 다양한 음식을 접하게 해서 이후에도 편식을 하지 않을 수 있도록 도와주세요.

예) 볼 형태, 쿠키, 죽

아이주도 이유식으로
얻는 효과

아이가 존중받고 건강한 식습관을 기를 수 있어요

아이주도 이유식은 떠먹여 주는 스푼피딩(spoon feeding)과 달리 아이 스스로 음식을 집어 먹으며 자연스럽게 식사하는 과정을 배우게 되고, 아이가 자신의 욕구를 존중받으며 건강한 식습관을 형성할 수 있습니다. 아이는 스스로 음식을 탐색하고, 집고, 입으로 가져가며 자연스럽게 음식을 마주하는 과정을 통해 질감, 냄새, 맛을 직접 경험하며 후각, 미각, 촉각 등의 감각이 발달하고 먹는 행위를 능동적으로 받아들이게 됩니다.

저작 운동과 소근육 발달에 중요한 역할을 해요

아이주도 이유식은 처음부터 부드러운 미음이 아닌 고형물의 덩어리진 식사 형태로 시작합니다. 따라서 입으로 음식을 으깨는 행위를 통해 저작 운동을 배우게 됩니다. 처음에는 음식을 입에 넣을 때 구역반사로 인해 헛구역질을 하게 되는데 반복적인 구역반사를 통해 점차 먹는 양을 조절하는 방법을 배우게 됩니다. 계속해서 음식을 집는 연습을 하게 되어 소근육 발달에도 좋습니다.

소화 능력이 향상되고 두뇌 발달에 좋아요

아이주도 이유식은 처음부터 고형물로 시작해서 소화가 잘 안 되지는 않을까 걱정이 되기도 합니다. 보통 죽 이유식은 후기 이유식, 완료기 이유식까지도 부드러운 형태를 유지하기 때문에 엄마가 아이에게 한 숟가락을 주면 씹어서 삼키기보다는 입자 그대로 씹지 않고 넘기는 경우가 많습니다.

하지만 고형물의 음식은 그대로 삼키기 어렵기 때문에 아이가 꾸준한 저작 운동을 통해 음식물을 자르고 삼키는 연습을 하게 됩니다. 매일매일 반복되는 식사 시간을 통해 아이는 자신의 속도에 맞추어 충분히 씹고 삼키는 연습을 하게 됩니다. 이 행위는 아이의 뇌를 자극하고 입 속의 촉감, 온도, 질감을 인지하는 훈련이 되어 아이의 집중력을 향상시키고 두뇌 자극에 도움이 됩니다.

먹는 즐거움과 자기조절 능력이 형성돼요

아이주도 이유식은 아이가 직접 식사에 참여하면서 배가 고프면 스스로 입에 음식을 가져가고, 삼키고, 포만감을 느끼고, 조절하는 법을 배우게 됩니다. 또한 부모가 먹이는 주체가 된 강압적인 과정이 아니라 스스로 먹는 행위를 통해 식사 시간의 즐거움을 얻을 수 있습니다. 이는 장기적으로 식사 시간에 대한 긍정적인 효과를 줄 수 있습니다.

온 가족이 함께하는 식사 시간을 통해 즐거운 식사 문화가 만들어져요

엄마 아빠가 밥을 먹는 모습을 보기만 했던 아이는 식사 자리에 동참함으로써 정서적 안정감을 느낄 수 있습니다. 아이가 주도적으로 이유식을 먹게 되면 엄마 아빠도 아이와 함께 밥을 먹으며 즐거운 식사 시간을 보낼 수 있습니다.

아이주도 이유식을 할 때 주의사항

아이주도 이유식은 아이에게 스스로 먹는 기회를 주는 만큼 주의해야 할 것이 있습니다.

질식과 구역반사가 일어날 수 있어요

아이가 처음 주도적으로 음식을 먹으면 아직 조절을 할 줄 몰라서 입안 깊은 곳까지 밀어 넣게 됩니다. 그럼 헛구역질을 하게 되고 얼굴이 빨개지거나 기침을 할 수 있습니다. 이런 헛구역질과 구역반사는 음식 먹는 양을 스스로 조절하는 방법을 습득하는 과정으로, 질식 이전에 몸이 스스로 방어하는 자연적인 현상입니다.

초반에는 헛구역질이 잦지만 시간이 지나며 점차적으로 줄어듭니다. 아이가 캑캑거리며 헛구역질을 할 때 엄마가 옆에서 놀란 반응을 하면 아이에게 먹는 것에 대해 부정적인 인식이 생길 수 있으니 놀라지 말고 아이를 격려해 주세요.

그런데 음식물이 목에 걸리는 질식은 매우 위험한 상황으로 즉각적인 대처가 필요합니다. 따라서 아이가 이유식을 먹을 때는 꼭 보호자가 함께 식사를 하거나 아이를 지켜봐 주어야 합니다. 음식이 목구멍에 걸려 기도가 완전히 막히면 소리가 나지 않고, 기침을 하지 못하고, 입을 벌리지만 숨을 못 쉬기도 합니다.

질식 상태가 되면, 돌 이전의 아이는 아이를 팔에 엎드려 눕히고 등을 강하게 두드려 음식물이 나올 수 있도록 하고, 돌 이후의 아이는 등 뒤에서 두 팔로 아이를 감싸 명치 위를 강하게 밀어 반복적으로 압박해서 음식물이 나올 수 있도록 해 주세요. 질식의 위험을 막기 위해서는 반드시 바른 자세로 앉아서 먹게 하고, 먹을 때는 주변을 정돈해서 아이가 음식에 집중할 수 있도록 하는 것이 중요합니다. 아

이가 잘 먹지 않는다고 텔레비전을 켜거나 장난감으로 흥미를 유발하는 것보다는
온전히 음식에 집중할 수 있도록 도와주세요.

식재료에 대한 알레르기 반응 여부를 살펴보세요

죽 이유식과 마찬가지로 아이주도 이유식도 알레르기에 대한 반응을 민감하게 살
펴보아야 합니다. 아이가 어떤 식재료에 알레르기 반응이 있는지 알 수 없고, 또
엄마 아빠는 없어도 아이에게는 알레르기가 있을 수 있기 때문에 처음 접하는 식

알레르기 유발 식품과 증상

난류	우유	대두
알레르기를 일으키는 식품 중 가장 흔하다. 피부 증상, 호흡기 증상, 위장관 증상이 나타난다.	아동들에게서 흔히 발생하며, 섭취 후 수분에서 수시간 사이에 발생한다. 숨을 헐떡이거나 구토, 두드러기, 소화기관 이상이 포함된다. 드물게 아나필락시스가 발생할 수도 있다. 다행히도 대부분 3세쯤 되면 우유 알레르기에서 벗어난다.	위협적이거나 심각한 반응은 아니다. 천식 환자나 땅콩 같은 식품에 알레르기가 있는 경우 발생할 확률이 높다.
밀	**메밀**	**땅콩, 호두**
두드러기, 호흡 곤란, 메스꺼움 등 다양한 증상을 보인다. 밀을 제한하는 것이 1차 치료법이다. 알레르기 반응이 일어나면 약물 요법으로 치료해야 한다.	섭취하지 않아도 메밀 베개 사용 등으로도 알레르기가 생길 수 있으므로 메밀이 포함된 보습제에 주의해야 한다. 다른 식품에 비해 천식, 아나필락시스 등 심각한 증상의 위험이 높다.	우유, 달걀 알레르기와 달리 없어지지 않는다. 경미한 증상부터 아나필락시스처럼 생명을 위협할 수도 있는 증상까지 나타난다. 땅콩에 대한 알레르기 반응이 나타난다면 경미한 반응이라도 의사에게 문의해야 한다.
고등어, 게, 새우, 오징어, 조개류	**복숭아, 토마토**	**돼지고기, 소고기, 닭고기**
주로 두드러기, 코막힘, 입가려움 등 경미한 증상을 일으키지만, 심한 경우 생명을 위협할 수 있다. 잘 없어지지 않고 평생 지속되는 경우가 많다.	과일, 채소 알레르기는 주로 두드러기와 구강 알레르기 증후군이지만 구토, 복통, 아토피 피부염의 악화, 천식, 호흡 곤란을 유발할 수 있다.	흔히 나타나지는 않으나 돼지고기, 소고기, 닭고기를 모두 제한할 경우 철분 부족으로 이어질 수 있다. 빈혈 예방을 고려해 철분 함량이 높은 식품을 대체하여 섭취해야 한다.

출처 : 식품의약품안전처

재료의 경우 주의하고 살피는 것이 중요합니다.

초기에는 한 번에 한 가지 음식만 시도해 알레르기 반응을 살펴주세요. 알레르기가 있으면 입 주변이 빨갛게 되거나 피부에 두드러기가 올라올 수 있습니다. 이때는 즉시 먹는 것을 멈추고 더 이상 심해지는 것은 없는지 살펴주세요.

가벼운 알레르기는 시간이 지나면 자연스럽게 가라앉는데, 이런 경우에는 알레르기 식재료의 양을 서서히 늘려 주면 됩니다. 하지만 호흡 곤란이 올 정도의 심한 알레르기는 즉시 해당 식재료의 섭취를 중단하고 병원으로 데려가야 합니다.

아이가 먹는 도중에 치우지 마세요

아이주도 이유식을 하면 처음에는 아이가 손으로 음식을 잘 잡지 못해 계속해서 떨어뜨리고, 처음 접하는 촉감이 신기해서 음식물을 만지며 가지고 놀기도 합니다. 그러니 주변이 더러워지는 건 당연합니다. 이때 엄마가 옆에서 계속 음식을 치우고 다그치면 아이는 식사 시간에 대한 흥미가 떨어지고 잘 먹지도 않게 됩니다. 아이가 다 먹은 후에 치워도 늦지 않으니 답답하더라도 아이를 기다려 주세요.

아이가 먹는 양에 집착하지 마세요

아이들을 키우다 보면 잘 먹다가도 잘 안 먹는 정체기가 있습니다. 이때 "왜 안 먹어?"라고 아이에게 물으면 아이는 먹는 시간을 흥미로운 시간이 아니라 강압적인 시간으로 느끼게 됩니다. 아이마다 뱃구레가 다르고 소화할 수 있는 양과 능력이 다르니 아이를 믿고 기다려 주세요. 같은 개월 수라도 아이가 먹는 양은 천차만별입니다.

안 먹는다고 아이를 다그치게 되면 아이에게는 식사 시간이 힘겨울 수 있습니다. 엄마 아빠가 잘 먹는 모습을 반복적으로 보여 주고 아이와 눈을 마주치며 식사 시간의 즐거움을 꾸준히 인식시켜 주세요. 아이주도 이유식의 핵심은 지금 당장이 아니라 장기적으로 건강한 식습관을 만들고 식사의 즐거움을 아이에게 알려 주는 것입니다.

아이주도 이유식으로 식판 구성하기

돌 이전 아이들은 빠른 성장과 두뇌 발달을 위해 모유(분유) 이외에도 이유식을 통해 탄수화물, 단백질, 지방, 칼슘, 철분 등의 필수 영양소를 섭취하는 것이 중요합니다. 매번 챙겨 먹는 이유식마다 모든 영양소를 담아서 아이가 골고루 섭취하면 좋지만, 완벽한 식단을 구성해야 하고 아이가 다 먹어야 한다는 압박은 엄마와 아이 모두 스트레스 받는 식사 시간이 될 수 있습니다.

식판을 채우는 게 어렵다면 다양한 컬러로 식판을 채워 보세요. 식재료의 색깔마다 각각의 영양소가 다르다고 하니 영양적으로도 좋습니다. 알록달록 예쁜 식판은 아이의 입맛을 돋우고 흥미를 유발해서 낯선 식재료를 통한 탄수화물, 지방, 단백질은 물론 다양한 비타민과 무기질, 미네랄 섭취에 도움을 줍니다.

주요 영양소

· **탄수화물** : 탄수화물은 아이에게 에너지를 공급하는 주 영양소입니다. 이유식 재료로 사용하는 쌀가루와 고구마, 감자 등은 건강한 탄수화물을 보충하는 데 도움을 줍니다.

· **단백질** : 근육 성장과 세포 형성에 중요한 역할을 하는 단백질은 주로 고기와 달걀에 많이 함유되어 있습니다. 이 책에 소개한 레시피에는 달걀을 넣어 만든 메뉴가 많은데, 이는 단백질을 보충하는 것뿐만 아니라 화학 첨가제를 넣지 않고 고형물을 만들기 위해서입니다.

· **지방** : 좋은 지방은 아이의 두뇌 발달에 도움을 주고, 에너지를 형성하고, 체온을 유지시키는 중요 영양소입니다. 지방이 무조건 나쁘다는 인식을 버리고 버터,

아보카도, 견과류와 같은 건강한 지방을 통해 아이의 하루 에너지 보충을 도와주세요.

· **칼슘** : 칼슘은 뼈와 치아를 형성하는 데 아주 중요한 역할을 합니다. 치즈와 요구르트 같은 유제품에 풍부하게 들어 있고, 두부와 생선을 통해서도 섭취할 수 있습니다.

· **철분** : 혈액 형성에 도움을 주는 철분은 주로 소고기를 통해 섭취하는데 매일 소고기를 먹여야겠다는 부담감은 아이와 엄마 모두에게 스트레스일 수 있습니다. 소고기뿐만 아니라 닭가슴살과 달걀에도 철분이 풍부하며, 아몬드 가루와 시금치 등을 통해서도 철분을 섭취할 수 있습니다.

· **비타민** : 빠른 성장과 발달을 위해서는 다양한 비타민 섭취가 필요합니다. 비타민은 두뇌 발달과 면역력 강화에도 중요한 역할을 합니다. 비타민은 채소와 과일을 통해 얻을 수 있습니다.

식판 구성의 예

식판 구성 1

○ 닭고기 60g : 단백질과 철분
○ 아보카도 1/4개 : 지방
○ 소고기버섯 밥스틱 : 철분과 탄수화물 식이
  섬유 보충

식판 구성 2

○ 찐 브로콜리 30g : 비타민C, 칼슘
○ 찐 단호박 : 탄수화물, 식이섬유
○ 소고기두부스틱 : 탄수화물, 철분, 단백질

식판 구성 3

○ 구운 버섯 : 식이섬유
○ 찐 셀러리 : 비타민C, 미네랄
○ 소고기치즈볼 : 칼슘, 탄수화물, 철분
○ 단호박닭가슴살볼 : 단백질, 탄수화물, 비
  타민A
○ 땅콩버터 1스푼 : 지방

아이주도 이유식에 주로 사용하는 식재료 및 음식 보관 방법

❶

❷

❸

❹

❺

❻

❼

❽

❶ **쌀가루** : 쌀가루는 탄수화물을 보충하는 주 재료로 형태가 있는 메뉴를 만들 때 주로 사용합니다. 이유식에는 초기 고운 쌀가루를 이용합니다.

❷ **아몬드 가루** : 아몬드 가루에는 비타민E가 풍부합니다. 돌 이전 아이에게는 아몬드를 통으로 제공하지 못하므로 아몬드 가루를 이용해 메뉴를 만듭니다. 아몬드 100% 표기가 되어 있는 제품을 사용합니다.

❸ **오트밀** : 철분이 풍부한 오트밀은 탄수화물을 보충하고, 식이섬유가 풍부해 장 운동에 좋습니다. 여러 차례 압착해 얇게 만든 가공 오트밀을 사용합니다.

❹ **무염버터** : 좋은 버터는 아이에게 좋은 지방을 공급하는 중요한 식재료입니다. 음식에 풍미를 더해 주고 음식을 부드럽게 합니다.

❺ **치즈** : 치즈는 칼슘과 단백질이 풍부합니다. 이유식에는 일반 치즈가 아닌 아기 치즈 1단계를 사용하는 것을 권장합니다.

❻ **두부** : 두부는 단백질이 풍부한 식품으로 '부드러운 두부'를 뜨거운 물에 살짝 씻어 내고 사용합니다.

❼ **달걀** : 달걀은 비타민 A, B, D와 단백질이 풍부합니다. 과거에는 돌 이후부터 달걀을 섭취했는데, 요즘에는 달걀흰자와 달걀노른자 구분 없이 이유식 시작 단계부터 시도해 달걀 알레르기를 예방할 수 있도록 합니다.

❽ **요거트** : 요거트는 유산균으로 우유를 발효시킨 것으로 칼슘이 풍부합니다. 돌 이전 아이도 섭취할 수 있습니다. 시중에 판매하는 아기 요거트를 이용하거나, 집에서 발효시켜 직접 만들어 사용합니다.

미리 만들어 보관하기

다양한 메뉴를 만든 뒤 아이에게 제공하고 남은 음식은 지퍼백 또는 밀폐용기에 키친타월 1장을 넣어 함께 보관합니다. 냉장 보관은 3일 이내, 냉동 보관은 3주 이내에 섭취하도록 합니다. 보관한 음식은 전자레인지나 에어프라이어(또는 오븐)에서 저온(160℃ 5~7분)으로 데워 제공합니다.

아이주도 이유식을 할 때 필요한 도구

아이에게 필요한 도구

❶ **턱받이** : 아이주도 이유식은 아이가 직접 음식을 손으로 만지고 입으로 가져가는 게 핵심입니다. 따라서 음식물이 얼굴, 몸, 발 등의 신체는 물론 옷에 묻거나 주변이 더러워질 수 있습니다. 수분이 많은 음식을 먹거나 물이 잘 드는 음식물이 옷에 묻는 걸 방지하기 위해 턱받이 착용을 권장합니다. 턱받이는 면으로 된 것부터 실리콘, 방수천 등 여러 가지가 있습니다. 실리콘은 튼튼하고 내용물이 잘 담기는 장점이 있지만 무거워서 아이에게 부담감을 줄 수 있어서 저는 방수천으로 된 턱받이를 주로 사용했습니다.

❷ **의자(하이체어 또는 범보의자)** : 아이에게 식사 시간의 루틴을 만들어 주는 것이 중요합니다. 바닥에서 먹으면 아이가 돌아다니며 섭취하게 되어서 식사 시간이 길어지고 아이가 식사에 집중하지 못하는 어려움이 있습니다. 따라서 온 가족이 정해진 시간에 함께 식사하고, 아이에게 알맞은 하이체어나 범보의자에 앉혀서

28

올바른 자세로 음식물을 섭취하게 하는 것이 좋습니다.

❸ **흡착식판** : 아이들은 근육의 발달이 미흡해서 식탁의 식기를 밀거나 엎을 수 있습니다. 식판이 자꾸 떨어지면 음식이 아닌 식판을 던지는 일에 집중하고 흥미를 갖게 됩니다. 이를 예방하기 위해 식탁에 잘 붙는 흡착식판을 활용하는 것을 권합니다.

❹ **스푼 포크** : 처음에는 아이가 손 전체로 음식물을 잡다가 점점 소근육이 발달하면서 두 손가락으로 음식을 집게 됩니다. 이 과정이 익숙해지면 손이 아닌 스푼과 포크를 활용하게 되는데, 이때 안쪽으로 구부러지는 스푼과 포크를 활용하면 아이가 보다 편하게 입까지 음식물을 가져갈 수 있습니다.

❺ **물컵** : 이유식 초반에는 아이가 고형물을 먹게 되면서 수분이 부족해 변비가 오는 경우가 많습니다. 이를 예방하기 위해서는 꾸준한 물 섭취가 중요합니다. 처음에는 빨대로 물을 먹는 것이 어려워 숟가락으로 물을 떠먹이지만 아이도 혼자 물을 먹는 연습을 해야 합니다. 예시 사진의 빨대 컵(릿첼 빨대컵)은 뚜껑의 푸시 버튼을 통해 보다 쉽게 물을 마실 수 있습니다.

❻ **과즙망** : 수박, 아보카도, 블루베리 등 너무 쉽게 무르거나 잘 부서지는 음식이라면 과즙망에 넣어 아이에게 제공해 주세요. 아이가 과즙망을 물면 구멍을 통해 음식물이 나오고 아이는 이를 섭취하게 됩니다.

주방에서 필요한 도구

❶ **저울** : 이유식은 소량으로 만들기 때문에 보다 정확하게 계량해야 합니다.

❷ **스패츌러** : 반죽을 섞고 긁어서 담을 데 필요합니다.

❸ **믹싱볼** : 음식을 한곳에 모으고 반죽하기 좋은 조리 도구입니다.

❹ **계량스푼** : 액체를 계량할 때 사용합니다. 이 책에서 1스푼은 15ml 계량스푼을 기준으로 합니다.

❺ **채칼, 강판** : 당근과 같은 단단한 채소를 다지거나 갈 때 사용합니다.

❻ **블렌더** : 내용물을 한 번에 갈 때 사용합니다. 소량의 내용물을 갈기 때문에 작은 크기도 괜찮습니다.

❼ **전자레인지 용기** : 전자레인지에 넣고 사용할 수 있는 실리콘, 유리, 플라스틱 등 전자레인지 전용 용기를 사용합니다.

❽ **머핀틀** : 이유식을 빵 형태로 만들어 내기 좋습니다. 실리콘으로 만들어진 틀을 이용해 간편하게 만들 수 있습니다.

❾ **에어프라이어(또는 오븐)** : 이유식을 구울 때 에어프라이어 또는 오븐을 사용합니다.

❿ **전자레인지** : 이 책에서는 1000W를 기준으로 합니다.

⓫ **프라이팬, 냄비** : 코팅팬 또는 스테인리스팬을 사용하는데 작은 사이즈를 추천합니다.

아이주도 이유식을 시작할 때 사용하기 좋은 원물 스틱

아이주도 이유식의 가장 첫 단계는 채소, 고기, 과일 등을 원물 형태 그대로 제공하는 것입니다. 이때 아이가 쥐기 좋은 스틱 형태로 잘라서 제공하는 것이 좋습니다. 이유식을 처음 시작하는 아이들은 이가 없거나 위 또는 아래 한쪽만 난 경우가 많기 때문에 생으로 제공하기보다는 굽거나 쪄서 제공하는 것이 좋습니다.

이유식을 처음 시작하는 아이에게는 부담감을 줄이기 위해 좀 더 오랜 시간 동안 익혀 내어 부드럽게 제공하는 것을 추천합니다. 찐 스틱은 손으로 뭉갰을 때 잘 으스러지는 정도가 좋습니다.

아이에게 처음 음식물을 제공하면 씹어 삼키는 것보다는 빠는 행동을 더 많이 하고, 아직 손에 힘이 없는 아이는 계속해서 음식을 떨어뜨립니다. 빠는 것 또한 아이주도 이유식의 한 과정이며, 내용물이 으스러져 입안으로 들어가면 아이는 입을 오물오물하는 저작 운동을 습득하게 됩니다.

아이가 어느 정도 씹고 저작 운동에 익숙해졌다면 익히는 시간을 조금씩 줄여 나가면 좋습니다. 원물 스틱을 통해 초기 연습이 이루어지면 이 책에서 소개한 반죽으로 빚어낸 형태의 다양한 레시피를 이용해 보세요.

원물 스틱으로 활용하기 좋은 식재료들은 다음과 같습니다. (재료 옆의 g은 1회 제공 양입니다.)

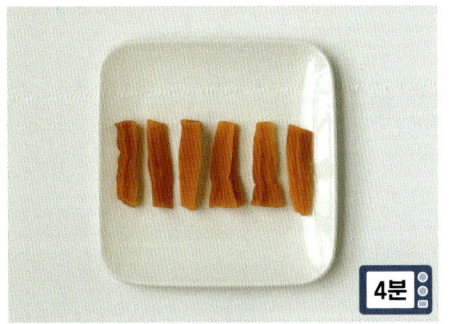

당근 ··· 30g

베타카로틴이 풍부한 딩근은 면역력을 강화시키는 식이섬유가 풍부한 채소입니다. 생 당근은 아삭하지만 익히면 부드럽고 단맛이 강해져 스틱으로 활용하기 좋습니다. 전자레인지로 찌거나 팬에 구워 제공합니다.

4분

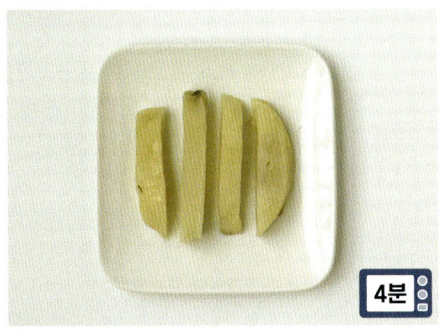

감자 ··· 40g

감자는 부드럽게 즐기기 좋은 식재료로 탄수화물을 주로 공급합니다. 탄수화물 외에도 비타민C와 미네랄이 풍부합니다. 비타민C는 면역력을 강화시키는 역할을 합니다. 쪄서 스틱으로 제공하거나 으깨서 아이가 떠먹을 수 있도록 제공합니다.

4분

고구마 ··· 40g

고구마는 탄수화물이 풍부해 성장기 아이에게 에너지원을 공급하는 중요한 역할을 합니다. 식이섬유가 풍부해 소화를 돕고 변비를 예방할 수 있습니다. 자연 단맛이 좋아 아이들이 거부감 없이 즐겁게 먹을 수 있어 아이주도 이유식의 식재료로 자주 사용합니다. 쪄서 스틱으로 제공하거나 으깨서 아이가 떠먹을 수 있도록 제공합니다.

4분

오이 ··· 30g

수분감이 많은 오이는 체내의 수분을 보충해 주고 비타민K가 풍부해 성장기 아이들에게 좋습니다. 또 식이섬유가 풍부해 변비를 예방합니다. 아삭한 식감은 좋지만 처음에는 생으로 제공할 경우 기도가 막힐 수 있으니 살짝 데쳐서 제공하거나 데친 후 으깨서 제공합니다.

2분

브로콜리 ⋯ 20g

브로콜리는 엽산이 풍부해 세포 성장과 발달에 아주 좋습니다. 물에 식초 2~3방울을 떨어뜨린 식촛물에 담가 송이를 구석구석 깨끗하게 닦아 준 뒤 쪄서 제공합니다.

`3분`

단호박 ⋯ 40g

단호박은 자연에서 온 단맛과 부드러운 식감으로 아이주도 이유식에서 정말 인기 있는 식재료입니다. 비타민E가 풍부해 세포를 보호하고 변비 예방과 장 건강에 좋습니다. 아이가 잘 안 먹는 식재료와 함께 섞으면 자연스러운 단맛이 입맛을 돋우어 줍니다. 단호박은 껍질을 제거한 뒤 찌거나 으깨서 제공합니다.

`4분`

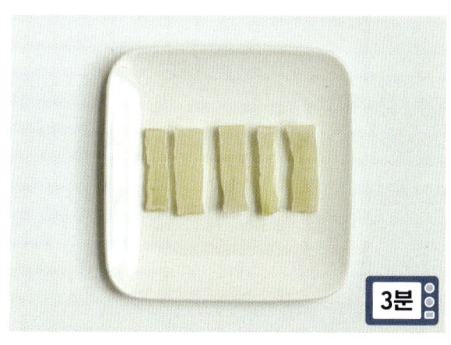

무 ⋯ 30g

무는 수분이 많고 소화를 촉진하고 위장을 보호해 주는 좋은 식재료입니다. 그런데 무의 매운맛 때문에 아이에게는 익혀서 제공하는 것이 좋습니다. 무청과 가까운 초록 부분은 약간의 쓴맛이 느껴지니 이유식 초기에는 단맛이 강한 흰 부분을 사용하는 것이 좋습니다. 무는 쥐기 좋은 크기로 잘라 찌거나 으깨서 제공합니다.

`3분`

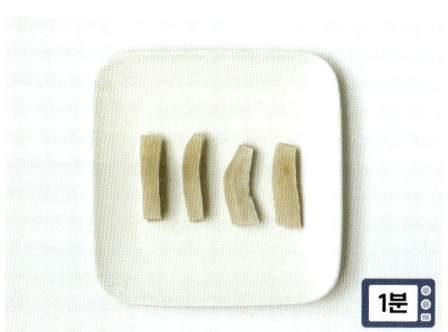

버섯 ⋯ 30g

버섯은 식이섬유와 미네랄이 풍부하고 뼈 건강에 좋은 비타민D가 있어 아주 좋은 식재료입니다. 다양한 종류가 있지만 아이가 쥐고 먹기 좋고 향미가 적어 거부감이 없는 새송이버섯을 추천합니다. 버섯은 찌거나 구워서 제공합니다.

`1분`

애호박 … 30g

애호박은 식감이 부드럽고 익히면 단맛이 올라오고 수분이 풍부해 체내 수분 균형에 도움을 줍니다. 칼륨도 풍부합니다. 히지만 과도하게 믹을 경우 설사를 유발할 수 있어 소량으로 시작해 아이에게 맞게 제공하는 것이 좋습니다.

파프리카 … 20g

파프리카의 화려한 색감은 아이의 흥미를 유발하기 좋습니다. 색깔에 따라 다른 영양소를 가지고 있어서 다양하게 제공하는 것이 좋습니다. 빨강 파프리카는 단맛이 강하고 항산화 성분이 많으며, 노랑 파프리카는 단맛이 적지만 식감이 아삭하고 비타민A가 풍부해 시력 보호에 좋으며, 주황 파프리카는 단맛과 감칠맛이 좋고 베타카로틴이 풍부합니다.

사과 ··· 40g

사과에는 비타민C가 풍부해서 감기 예방과 피로 회복에 좋습니다. 자연 그대로의 단맛으로 아이의 입맛을 돋우기 좋고, 장 건강을 돕고 소화를 촉진하여 육류와 함께 먹으면 좋습니다. 생 사과는 단단해 초기에는 목에 걸리기 쉬우므로 살짝 쪄서 부드럽게 제공합니다.

바나나 ··· 30g

바나나는 당도가 아주 높아 아이들의 간식으로 많이 활용되며, 에너지 공급원입니다. 잘 익은 바나나는 변비 예방에 좋고, 덜 익은 바나나는 탄닌 성분 때문에 변비를 유발할 수 있으니 이유식 초기에는 잘 익은 바나나를 제공하는 것이 좋습니다. 칼륨이 풍부해 근육 조절에서 중요한 역할을 합니다.

아보카도 ··· 30g

아보카도는 생 스틱으로 주기 좋은 과일입니다. 아이에게 건강한 지방(불포화지방)을 공급하고 오메가3가 풍부해 두뇌 발달과 신경계 건강에 좋습니다. 아이가 성장하며 필요한 칼로리를 보충하는 식재료입니다. 잘 익은 아보카도는 껍질이 까맣고 손으로 누르면 살짝 들어갑니다.

소고기 ··· 30g

찜기에 넣고 물이 끓어오르면 15분 동안 쪄 낸다.
소고기는 안심, 우둔살, 부채살 등을 이용하면 좋습니다. 기름이 적은 부위를 원한다면 우둔살을 먹기 좋은 크기로 잘라 주고, 지방이 적절하게 섞여 부드러운 부위를 주고 싶다면 부채살을 추천합니다. 처음 고기를 접할 때에는 고기를 결대로 (결이 세로 방향이 되도록) 잘라야 툭툭 끊이지 않아 아이가 잡고 먹기 좋습니다.

소고기는 철분 함량이 다른 육류보다 높아 성장기 아이들이 필수로 섭취해야 하는 식재료입니다. 원물 그대로 이용해도 좋지만 찐 다음 블렌더나 초퍼를 이용해 곱게 갈아 머핀, 팬케이크 등의 레시피에 10g씩 추가해 보충해 주면 좋습니다.

소고기는 사용하기 전에 핏물을 제거하기 위해 찬물에 담가 두거나 키친타월로 가볍게 눌러 줍니다.

소고기는 쪄서 아이가 쥐기 좋은 크기로 잘라 3일 이내 먹는 것은 냉장 보관하고, 보관이 더 길어질 때에는 하나씩 랩으로 감싸 밀폐용기에 넣어 냉동 보관해 줍니다. 필요시 냉장 해동, 전자레인지 해동, 또는 끓는 물에 해동해서 다시 제공해 주면 됩니다.

냉장 보관하면 고기가 딱딱해져 아이가 더 쥐기 좋은 형태가 됩니다. 고기는 잘 으스러지지 않기 때문에 아이가 빠는 행동을 통하여 고기가 흐물흐물해지며 조금씩 입안으로 들어갑니다.

안심

가슴살

닭고기 … 30g

찜기에 넣고 물이 끓어오르면 15분 동안 쪄 낸다.

닭고기는 손질된 닭안심 또는 닭가슴살을 이용
하는데, 닭가슴살은 이유식 초기에, 결이 고운 닭
안심은 이유식이 익숙해진 이후에 이용하기 좋
습니다. 닭고기는 끓는 물에 살짝 데쳐 불순물을
제거하고 조리하면 됩니다. 손질된 안심이나 가
슴살은 뼈와 분리되어 있기 때문에 특별한 과정
없이 바로 삶거나 구워서 제공합니다.

닭고기는 단백질이 풍부하고 필수 아미노산을
포함하고 있어 체내에 중요한 역할을 합니다. 아
이의 근육 형성과 유지, 면역 체계를 강화하고 생
리 기능에 필수인 요소를 많이 갖고 있습니다. 또
한 비타민B가 풍부해 활동량이 많은 아이들에게
중요한 역할을 합니다.

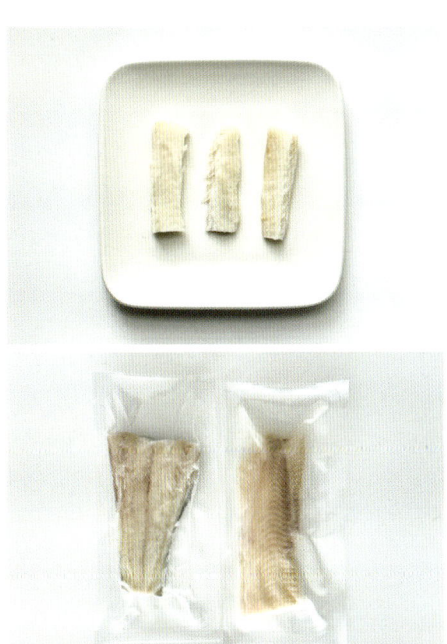

흰살생선 … 30g

대구, 가자미, 광어 등과 같은 흰살생선은 지방의
함량이 적고 비린내가 덜 나며 소화가 잘 되어 이
유식에 사용하기 좋습니다. 흰살생선에는 철분,
칼슘, 아연 등이 풍부하며 고등어, 연어와 같은
등푸른생선에 비해 알레르기 유발 위험이 적습
니다.

흰살생선은 쪄서 부드럽게 제공하거나 비린내를
제거하기 위해 레몬즙을 살짝 뿌리거나 버터에
구워 내도 좋습니다.

생선 뼈를 바르는 것이 부담된다면 아이 전용으
로 나온 손질생선 사용을 추천합니다. 이 책에서
는 아린이네 생선가게 생선을 사용했습니다.

1장

프라이팬으로 만드는 팬케이크 & 오믈렛 & 전

감자
팬케이크

감자와 달걀이 만나 탄수화물
과 단백질을 고루 섭취할 수 있
는 메뉴로 감자를 곱게 갈아서
부드럽고 고소합니다. 특별한
조리도구 없이 팬으로 간단하
게 만들 수 있습니다.

○ **소요 시간** 5분

재료

○ 생감자 100g   ○ 달걀 1개   ○ 현미유 약간

1 감자는 강판에 곱게 갈아 준다.

2 볼에 1과 달걀을 넣고 한 덩어리
가 되게 반죽해 준다.

3 팬에 현미유를 조금 두르고 약
불에 2의 반죽을 올리고 2분 동안
익혀 준다.

4 끝부분이 익으면 반죽을 뒤집어
1분 동안 마저 익혀 준다.

사과오트밀 팬케이크

사과를 과일로만 먹었다면 사과를 주 재료로 한 팬케이크를 만들어 보세요. 식이섬유가 풍부한 사과와 오트밀이 아이의 장을 편안하게 만들어 주고 변비를 예방할 수 있는 맛있는 한 끼가 됩니다.

○ **소요 시간** 5분

🍽 **재료**
○ 사과 30g   ○ 오트밀 15g   ○ 분유물(또는 우유) 15ml   ○ 달걀 1개
○ 현미유 약간

1 블렌더에 모든 재료를 넣고 갈아 준다.

2 팬에 현미유를 조금 두르고 반죽을 올려 1분 동안 구워 준다.

3 끝부분이 익으면 뒤집어 1분 동안 마저 익혀 준다.

토핑
팬케이크

달걀 알레르기가 있는 아이 또는 아직 달걀 알레르기 테스트를 하지 못한 아이를 위한 메뉴입니다. 바나나가 들어가 식이섬유가 풍부하고 단맛이 더해져 아이가 좋아합니다. 반죽 위에 아이가 좋아하는 토핑을 올려 제공해 보세요.

NO
EGG

○ **소요 시간** 7분

○ **재료**
○ 바나나 80g ○ 오트밀 30g ○ 분유물(또는 우유) 40ml ○ 현미유 약간
○ 토핑(생략 가능)

1 블렌더에 모든 재료를 넣고 갈아 준다.

2 프라이팬에 현미유를 조금 두르고 반죽을 얇게 편다.

3 아이가 좋아하는 토핑을 알맞은 크기로 잘라 올려 준다.

4 중약불에서 3분 동안 익힌 뒤 뒤집어 2분 동안 마저 익혀 준다.

베리요거트 팬케이크

상큼한 블루베리와 딸기를 넣어 만든 요거트팬케이크입니다. 달달한 베리가 들어 있어 설탕 없이도 맛있는 팬케이크를 만들 수 있습니다.

🕐 **소요 시간** 5분

🍽 **재료**

○ 딸기 10g ○ 블루베리 10g ○ 요거트 20g ○ 달걀 1개 ○ 쌀가루 30g
○ 현미유 약간

1 딸기와 블루베리는 씻어서 준비한다.

2 1에 쌀가루, 달걀, 요거트를 넣고 한 덩어리가 되도록 반죽해 준다.

3 팬에 현미유를 조금 두르고 약불에서 2분 동안 구워 준다.

4 끝부분이 익으면 뒤집어 2분 동안 마저 익혀 준다.

+ 딸기와 블루베리는 냉동을 이용해도 좋습니다.

고구마
팬케이크

삶은 고구마가 많이 있는 날 고구마에 달걀과 쌀가루를 더해 팬케이크 반죽을 만들어 주세요. 반죽을 냉장고에 보관해 두었다가 팬에 구워 주기만 해도 맛있는 한 끼가 완성됩니다.

○ **소요 시간** 5분

○ **재료**
○ 삶은 고구마 50g ○ 쌀가루 15g ○ 분유물(또는 우유) 15ml ○ 달걀 1개
○ 현미유 약간

1 삶은 고구마는 으깨 준다.

2 **1**에 쌀가루, 달걀을 넣고 한 덩어리가 되도록 반죽해 준다.

3 팬에 현미유를 두르고 반죽을 올려 1분 동안 구워 준다.

4 끝부분이 익으면 뒤집어 1분 동안 마저 익혀 준다.

✚ 쌀가루 대신 오트밀을 이용해도 좋습니다.
✚ 고구마에 수분이 많은 경우 분유물은 생략해도 됩니다.

44

가지
팬케이크

가지는 비타민이 풍부한 식재료입니다. 특히 기름에 구우면 그 효능이 배가됩니다. 아이에게 어떻게 먹여야 할지 어려울 때 이 메뉴를 추천합니다.

○ 소요 시간 5분

🍴 재료
○ 가지 20g　○ 쌀가루 15g　○ 달걀 1개　○ 현미유 약간

1 가지는 잘게 다져 준다.

2 볼에 1을 넣고 달걀과 쌀가루를 넣어 한 덩어리가 되도록 반죽해 준다.

3 팬에 현미유를 조금 두르고 중약불에서 2분 동안 익혀 준다.

4 뒤집어 반대 면도 2분 동안 마저 익혀 준다.

채소밥
팬케이크

죽 형태 이유식에서 재료들을 고형물의 형태로 바꿀 때 제공하는 대표적인 메뉴예요. 아이가 쥐고 먹기 좋고, 채소를 다양하게 섭취할 수 있어 좋아요.

○ 소요 시간 10분

🍴 재료

○ 버섯 5g ○ 당근 10g ○ 애호박 10g ○ 밥 80g ○ 달걀 1개 ○ 현미유 약간

1 채소는 잘게 다져 준다.

2 볼에 **1**의 채소와 모든 재료를 넣고 한 덩어리가 되도록 반죽해 준다.

3 팬에 현미유를 조금 두르고 반죽을 올려 중약불에서 5분 동안 구워 준다.

4 뒤집어 반대 면도 4분 동안 마저 익혀 준다.

+ 다른 채소를 이용해도 좋으며, 소고기 다짐육 또는 생선을 넣어 구워도 좋습니다.

오트밀 팬케이크

오트밀과 달걀을 이용해 만드는 간단한 팬케이크입니다. 오트밀은 철분과 식이섬유가 풍부해 아이주도 이유식에 자주 쓰이는 재료입니다.

○ **소요 시간** 5분

🥣 **재료**
○ 오트밀 20g ○ 달걀 1개 ○ 현미유 약간

1 볼에 오트밀과 달걀을 넣고 한 덩어리가 되도록 반죽해 준다.

2 팬에 현미유를 두르고 약불에 **1**의 반죽을 올리고 1분 동안 구워 준다.

3 끝부분이 익으면 반죽을 뒤집어 1분 동안 마저 익혀 준다.

＋ 이유식의 단계에 따라 오트밀 가루를 사용해도 좋습니다. 오트밀 가루가 없다면 믹서기에 오트밀을 넣고 갈아 주세요.

새우채소 오믈렛

새우를 갈아서 채소와 함께 전을 부치면 부드러워서 아이가 좋아하는 한 끼가 될 수 있습니다. 아이의 입맛이 없는 날에 이 메뉴를 추천합니다.

○ 소요 시간 10분

🥄 재료
○ 애호박 10g ○ 새우 30g ○ 버섯 10g ○ 양파 10g ○ 달걀 1개
○ 현미유 약간

1 냉동 새우는 물에 담가 녹여 준다.

2 블렌더에 모든 재료를 넣고 갈아 준다.

3 프라이팬에 현미유를 조금 두르고 중약불에서 2분 동안 구워 준다.

4 끝부분이 익으면 반으로 접어 3분 동안 마저 익혀 준다.

+ 아이에 따라 채소와 새우의 입자 크기를 조절해 주세요.

옥수수 단호박전

단호박은 섬유질이 풍부해 아이들의 소화에 도움을 주고 잦은 변비로 고생하는 아이를 위해 좋은 식재료입니다. 단호박에 옥수수를 더해 식감까지 재미있는 한 끼를 만들어 보세요.

NO EGG

○ **소요 시간** 5분

🍳 **재료**
○ 삶은 옥수수 30g ○ 삶은 단호박 80g ○ 쌀가루 40g ○ 현미유 약간

1 단호박은 삶아서 으깨 준다.

2 삶은 옥수수는 알을 떼어 준비한다.

3 볼에 **1**, **2**와 쌀가루를 넣고 한 덩어리가 되도록 반죽해 준다.

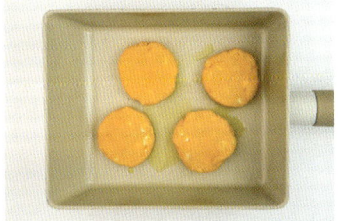

4 프라이팬에 현미유를 조금 두르고 반죽을 모양 내 중약불에서 4분 동안 구워 준다.

5 뒤집어서 2분 동안 마저 익혀 준다.

➕ 좀 더 부드러운 식감을 원한다면 달걀을 추가해도 좋습니다.

두부
치즈구이

평소에 구워 주던 두부에 치즈를 올려 구워 보세요. 색다른 맛을 즐길 수 있습니다.

NO EGG

○ **소요 시간** 5분

🍴 **재료**
○ 두부 100g(1/4모)   ○ 아기치즈 1장   ○ 현미유 약간

1 두부와 치즈를 준비하고 먹기 좋게 6등분해 준다.

2 두부 위에 잘라 둔 치즈를 올린다.

3 팬에 현미유를 조금 두르고 치즈를 올린 면부터 약불에서 5분 동안 구워 준다.

4 치즈가 흘러내리면 치즈를 두부에 붙여 가며 구워 준다.

5 치즈가 노르스름하게 익으면 뒤집어 반대 면도 익혀 준다.

귤납작
팬케이크

상큼한 귤과 요거트가 들어가
쫀득한 매력이 있습니다. 익은
귤을 상상해 보셨나요? 귤이 익
으며 달콤해져 아이가 정말 좋
아합니다.

NO
EGG

○ 소요 시간 5분

재료
○ 귤즙 40g　○ 요거트 30g　○ 쌀가루 40g　○ 현미유 약간

1 귤은 반으로 잘라 착즙기에 짜
준다.

2 볼에 **1**과 쌀가루, 요거트를 넣고
한 덩어리가 되도록 반죽해 준다.

3 프라이팬에 현미유를 조금 두르
고 **2**를 나누어 중약불에서 2분 동
안 구워 준다.

4 뒤집어 1분 동안 마저 익혀 준다.

사과바나나 팬케이크

달걀 없이 만들어 부드럽고 식이섬유가 풍부한 메뉴입니다. 아이가 변을 잘 못 보는 날에 만들어 보세요. 부드러워서 아이도 좋아하는 메뉴가 될 거예요.

NO EGG

○ 소요 시간 5분

🍴 재료
○ 바나나 60g   ○ 사과 40g   ○ 오트밀 30g   ○ 물 30ml   ○ 현미유 약간

1 블렌더에 모든 재료를 넣고 갈아 준다.

2 팬에 현미유를 조금 두르고 중약불에서 2분 동안 구워 준다.

3 끝부분이 익으면 뒤집어 2분 동안 마저 익혀 준다.

에어프라이어 &
오븐으로
만드는 쌀빵

더블치즈
머핀

아이들이 좋아하는 치즈가 2장 들어가 정말 고소하고 부드러운 머핀입니다. 아이가 입맛이 없는 날에 이유식 또는 간식으로 제공해 보세요. 한 그릇 뚝딱 할 수 있습니다.

○ **소요 시간** 15분

🍲 **재료**
○ 아기치즈 2장　○ 분유물(또는 우유) 30ml　○ 아몬드 가루 30g　○ 달걀 1개
○ 아가베 시럽 1스푼(생략 가능)

1 치즈 2장을 준비하고, 그 위에 분유물을 붓는다.

2 전자레인지에 **1**을 넣고 30초 동안 돌려 치즈를 녹여 준다.

3 **2**에 달걀과 아몬드 가루를 넣어 준다.

4 아가베 시럽을 넣고 한 덩어리가 되도록 반죽해 준다.

5 머핀틀에 반죽을 붓고 에어프라이어에서 160℃로 10분 동안 구워 준다.

➕ 아가베 시럽은 생략해도 돼요.
➕ 오븐 이용 시 170℃로 10분 동안 구워 주세요. 큰 머핀틀을 사용할 경우 5분 추가해 주세요.

단호박치즈 머핀

단호박이 들어가서 달달하고 치즈가 더해져 고소한 한 끼입니다. 아이가 입맛이 없는 날에 준비해 보세요. 한 끼 뚝딱 해결할 수 있습니다.

○ 소요 시간 20분

○ 재료
○ 삶은 단호박 50g ○ 요거트 20g ○ 아기치즈 1장 ○ 쌀가루 20g
○ 달걀 1개

1 삶은 단호박은 으깨 준다.

2 **1**에 요거트, 치즈, 쌀가루, 달걀을 넣고 한 덩어리가 되도록 반죽해 준다.

3 머핀틀에 **2**를 나누어 담는다.

4 에어프라이어(또는 오븐)에서 160℃로 10분 동안 구워 준다.

두부
카스테라

두부로 만든 빵을 상상해 본 적
있나요? 담백하고 영양이 풍부
한 두부를 메인으로 머핀을 만
들면 든든하면서 영양소가 듬
뿍 들어간 한 끼가 될 수 있습니
다.

⊙ **소요 시간** 15분

🧂 **재료**
○ 두부 35g   ○ 쌀가루 20g   ○ 버터 5g   ○ 달걀 1개

1 두부는 볼에 담아 으깨 준다.

2 1에 달걀, 버터, 쌀가루를 넣고
한 덩어리가 되도록 반죽해 준다.

3 머핀틀 또는 오븐 용기에 반죽
을 넣고 에어프라이어(또는 오븐)
에서 170℃로 15분 동안 구워 준
다.

응용 레시피
→ 두부를 순두부 35g로 대체해도 좋습니다.

✚ 달걀 알레르기가 있는 경우
요거트 30g으로 대체합니다.

고구마머핀

버터가 더해져 풍미가 좋은 머핀입니다. 이유식 단계에 따라 고구마의 크기를 다르게 해 보세요. 썹는 재미가 있고 아이의 저작 운동 발달에 도움이 됩니다.

○ **소요 시간** 20분

○ **재료**
○ 삶은 고구마 50g　○ 아몬드 가루 30g　○ 달걀 1개　○ 버터 10g(생략 가능)

1 삶은 고구마는 으깨 준다.

2 1에 버터와 아몬드 가루, 달걀을 넣고 한 덩어리가 되도록 반죽해 준다.

3 머핀틀 또는 오븐 용기에 반죽을 넣고 에어프라이어(또는 오븐)에서 170℃로 15분 동안 구워 준다.

➕ 아몬드 가루 대신 쌀가루 또는 오트밀을 이용해도 좋습니다.

오트밀머핀

오트밀과 요거트 딱 2가지 재료로 만드는 머핀입니다. 달걀 알레르기가 있는 아이들을 위해 요거트를 넣어 부드러운 머핀을 제공해 주세요.

NO EGG

◯ **소요 시간** 20분

🥣 **재료**
◯ 오트밀 30g   ◯ 요거트 50g

1 볼에 오트밀과 요거트를 넣고 한 덩어리가 되도록 반죽해 준다.

2 머핀틀 또는 오븐 용기에 반죽을 넣고 에어프라이어(또는 오븐)에서 170℃로 10분 동안 구워 준다.

✚ 더 부드럽게 먹고 싶다면 달걀을 추가해도 좋습니다.
✚ 반죽을 한 번에 담는 경우 15분 동안 구워 주세요.

아몬드머핀

아몬드 가루를 이용해 만든 머핀입니다. 아몬드 가루는 불포화지방산이 풍부하고 비타민E가 많습니다. 꼭 쌀을 먹어야만 건강한 한 끼가 되는 것은 아닙니다. 아이의 특성에 맞게 아이에게 필요한 영양소를 골라 주세요.

⏱ **소요 시간** 15분

⚖ **재료**
○ 아몬드 가루 30g ○ 달걀 1개 ○ 버터 10g

1 볼에 모든 재료를 넣고 한 덩어리가 되도록 섞어 준다.

2 오븐 용기 또는 머핀틀에 **1**을 넣어 준다.

3 에어프라이어(또는 오븐)에서 170℃로 12분 동안 구워 준다.

➕ 아몬드 머핀에 아이가 좋아하는 과일을 토핑으로 올려도 좋습니다.

당근머핀

당근과 오트밀은 정말 잘 어울리는 재료입니다. 식이섬유가 풍부한 2가지 재료로 한 끼를 만들어 보세요. 변비로 고생하는 날에 먹으면 좋습니다.

NO
EGG

○ 소요 시간 20분

🍶 재료
○ 간 당근 10g ○ 오트밀 30g ○ 분유물(또는 우유) 20ml

1 당근은 강판에 갈아 준다.

2 볼에 **1**과 오트밀, 분유물을 넣고 한 덩어리가 되도록 반죽해 준다.

3 오븐 용기 또는 머핀틀에 **2**를 담는다.

4 오븐에서 170℃로 15분 동안 구워 준다.

✚ 에어프라이어를 이용할 경우 160℃로 구워 주세요.

오렌지
요거트머핀

귤이나 오렌지를 이용해서 비타민이 풍부한 머핀을 만들어보세요. 요거트와 오렌지가 들어가 상큼해서 입맛 없는 아이의 입맛을 돋울 수 있습니다.

⏱ **소요 시간** 15분

🍳 **재료**
○ 오렌지즙 30g　○ 쌀가루 30g　○ 달걀 1개

1 오렌지는 착즙기를 이용해 즙을 짜 준다.

2 1에 모든 재료를 넣고 한 덩어리가 되도록 반죽해 준다.

3 머핀틀에 반죽을 담는다.

4 에어프라이어(또는 오븐)에서 170℃로 15분 동안 구워 준다.

✚ 오렌지즙이 아닌 오렌지 그대로 다져서 넣어도 좋습니다.

망고머핀

그동안 망고를 과일로만 즐겼다면 망고가 들어간 빵을 만들어 식판을 채워 보세요. 망고가 익으면서 단맛이 올라와 아이들이 정말 좋아하는 메뉴가 될 거예요.

○ **소요 시간** 20분

🥘 **재료**
○ 망고 30g ○ 쌀가루 30g ○ 달걀 1개 ○ 분유물(또는 우유) 15ml

1 망고는 잘게 잘라 준다.

2 볼에 쌀가루, 달걀, 분유물과 **1**을 넣고 한 덩어리가 되도록 반죽해 준다.

3 오븐 용기 또는 머핀틀에 나누어 담는다.

4 에어프라이어에서 160℃로 15분 동안 구워 준다.

➕ 오븐을 이용할 경우 170℃로 15분 동안 구워 주세요.
➕ 망고는 옻나무과 과일(캐슈넛, 피스타치오 등)로 알레르기 테스트를 해 주세요.

오트밀 두부머핀

달걀 대신 부드러운 연두부를 사용하고 오트밀을 넣어 고소한 메뉴입니다. 두부와 오트밀은 잘 어울리는 재료입니다. 여기에 퓌레로 단맛을 더하여 아이의 입맛을 사로잡을 수 있습니다.

NO
EGG

○ **소요 시간** 20분

🥄 **재료**
○ 연두부 50g ○ 오트밀 30g ○ 퓌레 30g

1 연두부는 으깨 준다.

2 **1**에 나머지 재료를 넣고 한 덩어리가 되도록 반죽해 준다.

3 반죽을 머핀틀에 나누어 담는다.

4 에어프라이어에서 160℃로 15분 동안 구워 준다.

✚ 오븐 이용 시 170℃로 15분 동안 구워 주세요.
✚ 연두부 대신 두부를 이용해도 좋습니다.

낫또밥머핀

아이들에게 다양한 식재료를 경험시켜 주는 것은 편식을 예방하는 식습관 형성에 중요한 역할을 합니다. 낫또를 밥에 함께 넣어 오븐 또는 에어프라이어에 구워 보세요.

◔ **소요 시간** 20분

🍲 **재료**
○ 낫또 40g　○ 밥 80g　○ 달걀 1개　○ 아기치즈 1장

1 볼에 모든 재료를 넣고 한 덩어리가 되도록 반죽해 준다.

2 반죽을 오븐 용기에 나누어 담는다.

3 에어프라이어(또는 오븐)에서 170℃로 15분 동안 구워 준다.

➕ 낫또 대신 고기, 채소 등 다른 재료를 넣어도 좋습니다.

감자스콘

감자를 삶아서 주는 것도 좋지만 잘 으스러져서 불편하거나 아이가 안 먹으려 하면 감자스콘을 만들어 보세요.

○ **소요시간** 20분

🕐 **재료**
○ 삶은 감자 100g ○ 쌀가루 15g ○ 아기치즈 1장
○ 달걀노른자 1개(생략 가능)

1 삶은 감자는 으깨 준다.

2 1에 치즈와 쌀가루를 넣고 한 덩어리가 되도록 빈죽해 준다.

3 아이가 먹기 좋은 크기로 모양을 낸다.

4 3에 달걀노른자를 풀어 바른다.

5 에어프라이어(또는 오븐)에서 170℃로 15분 동안 구워 준다.

➕ 감자의 수분감에 따라 물을 추가해 주세요. 반죽이 뭉쳐지지 않고 풀어진다면 물 또는 분유물을 넣어 뭉쳐 보세요.

옥수수파이

옥수수를 어떻게 먹어야 할지 고민이라면 이 메뉴가 정말 제격입니다. 아몬드 가루와 옥수수가 어우러져 고소합니다. 달걀노른자를 타르트지로, 달걀흰자를 필링으로 사용했습니다.

○ **소요 시간** 20분

🍳 **재료**

타르트지 ○ 달걀노른자 1개 ○ 아몬드 가루 50g ○ 버터 10g
필링 ○ 옥수수 10g ○ 달걀흰자 1개 ○ 요거트 20g

1 달걀은 흰자와 노른자를 분리해 준다.

2 달걀노른자와 아몬드 가루, 버터를 넣고 한 덩어리가 되도록 반죽해 준다.

3 머핀틀에 **2**를 펴서 타르트지를 만들어 준다.

4 달걀흰자와 옥수수 요거트를 넣고 필링을 만들어 **3**에 채워 준다.

5 에어프라이어(또는 오븐)에서 170℃로 20분 동안 구워 준다.

➕ 옥수수 알갱이가 크다면 다지기로 갈아서 넣어도 좋습니다.

단호박파이

단호박으로 만들어 정말 부드러운 파이입니다. 단호박은 식이섬유가 풍부해 아이의 장 운동에 도움을 주는 식재료입니다.

NO
EGG

✚ 수분감이 없는 밤호박인 경우 분유물을 추가해 주세요.

○ 소요 시간 20분

🍲 재료
파이지 ○ 삶은 단호박 100g ○ 버터 10g ○ 쌀가루 50g
필링 ○ 삶은 단호박 70g ○ 아기치즈 1장

1 삶은 단호박 100g을 볼에 담아 으깨 준다.

2 1에 쌀가루와 버터를 넣고 한 덩어리가 되도록 반죽해 준다.

3 다른 볼에 삶은 단호박 70g과 치즈를 넣고 섞어 준다

4 머핀틀에 2를 넣고 골고루 펴 준다.

5 4에 만들어 둔 필링 3을 넣어 준다.

6 에어프라이어(또는 오븐)에서 170℃로 15분 동안 구워 준다.

연두부
치즈케이크

연두부가 들어가 부드러우면서 치즈의 고소함이 더해진 케이크입니다. 아이가 손으로 쥐고 먹기도 좋고 단백질이 풍부한 두부가 들어가 영양분까지 좋은 이유식입니다.

NO
EGG

🕐 **소요 시간** 20분

🥄 **재료**
○연두부 80g   ○쌀가루 50g   ○요거트 80g   ○아기치즈 2장

1 볼에 연두부를 넣고 부드럽게 으깨 준다.

2 1에 쌀가루와 요거트, 치즈를 넣고 한 덩어리가 되도록 반죽해 준다.

3 머핀틀에 반죽을 나누어 담는다.

4 에어프라이어(또는 오븐)에서 170℃로 15분 동안 구워 준다.

✛ 더 부드럽게 만들고 싶다면 연두부를 체에 한 번 걸러 주세요.

사과타르트

그동안 사과를 퓌레로만 제공
했다면 맛있는 타르트로 만들
어 보세요. 먹으면 포만감도 더
해지고, 아이가 잡고 먹을 수 있
어 더할 나위 없이 좋습니다. 사
과가 익으며 단맛이 더해져 입
맛이 없는 아이도 잘 먹습니다.

○ **소요 시간** 20분

🥘 **재료**
타르트지 ○ 오트밀 30g ○ 달걀노른자 1개 ○ 분유물(또는 우유) 30ml
필링 ○ 사과 20g ○ 달걀노른자 1개 ○ 분유물(또는 우유) 15ml

1 오트밀, 달걀노른자, 분유물을
넣고 한 덩어리가 되도록 반죽해
준다.

2 사과, 달걀노른자, 분유물을 넣
고 속을 채울 필링을 만들어 준디.

3 머핀틀에 반죽을 깔아 준다.

4 3에 미리 만들어 둔 필링 **2**를 넣
어 준다.

5 오븐에서 170℃로 15분 동안 구
워 준다.

+ 에어프라이어를 이용할 경우
160℃로 15분 동안 구워 주
세요.

69

귤쌀스콘

귤이 제철인 계절에 만들어 보
세요. 귤의 향긋함과 쌀의 고소
함이 더해져 맛있게 즐길 수 있
어요.

NO
EGG

○ 소요 시간 15분

🍚 재료

○ 귤즙 45g   ○ 버터 20g   ○ 쌀가루 50g

1 귤은 반으로 잘라 착즙기에 짜
준다.

2 볼에 **1**과 쌀가루, 버터를 넣고 한
덩어리가 되도록 반죽해 준다. 이
때 많이 치대야 부드러운 반죽이
완성된다.

3 먹기 좋은 크기로 잘라 준다.

4 에어프라이어(또는 오븐)에서
170℃로 10분 동안 구워 준다.

✛ 착즙기가 없다면 귤을 블렌더에 갈아 채망으로 걸러서 준비해 주세요.

옥수수스콘

옥수수가 톡톡 터지는 재밌는 식감의 스콘입니다. 아이에게 옥수수를 어떻게 제공해야 할지 모르겠다면 옥수수스콘을 만들어 보세요.

NO EGG

⏱ **소요 시간** 20분

🧺 **재료**
○ 삶은 옥수수 20g   ○ 버터 10g   ○ 아몬드 가루 10g   ○ 쌀가루 30g
○ 물 1스푼(15ml)

1 볼에 모든 재료를 넣고 한 덩어리가 되도록 반죽해 준다.

2 반죽이 부드럽게 잘 뭉치도록 손으로 치대 준다.

3 치댄 반죽을 모양 내 먹기 좋은 크기로 잘라 준다.

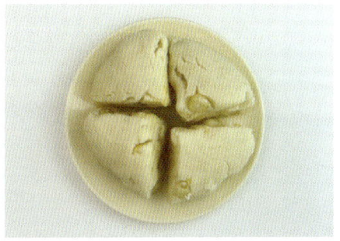

4 에어프라이어(또는 오븐)에서 170℃로 15분 동안 구워 준다.

➕ 옥수수를 갈아서 반죽해도 좋습니다.

아기 쌀크루아상

아이의 작은 손 크기에 맞추어 아이가 쥐고 먹기 좋습니다. 쌀가루가 들어가 탄수화물을 보충해 줄 수 있는 메뉴입니다.

NO EGG

○ **소요 시간** 20분

🍱 **재료**
○ 쌀가루 30g ○ 아몬드 가루 20g ○ 요거트 40g

1 볼에 모든 재료를 넣고 한 덩어리가 되도록 반죽해 준다.

2 반죽을 얇게 펴 준다.

3 반죽을 긴 삼각형 모양으로 잘라 낸다.

4 자른 반죽 **3**을 돌돌 말아 크루아상 모양으로 만들어 준다.

5 에어프라이어에서 160℃로 15분 동안 구워 준다.

+ 오븐 이용 시 170℃로 15분 동안 구워 주세요.

두부도넛

두부가 들어가 고소하고, 도넛 모양으로 만들어 아이에게 재미를 주는 메뉴입니다. 손가락에 끼워 먹거나 쥐고 먹기에 무척 좋아요.

○ **소요 시간** 20분

📋 **재료**
○ 연두부 40g(두부 대체 가능) ○ 쌀가루 50g ○ 아몬드 가루 30g ○ 달걀 1개

1 연두부는 으깨 준다.

2 1에 모든 재료를 넣고 한 덩어리가 되도록 반죽해 준다.

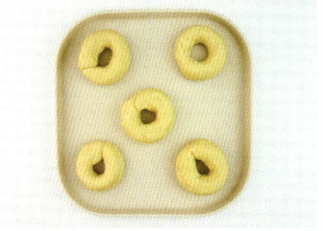

3 손에 물을 묻히고 두부 모양으로 빚어 준다.

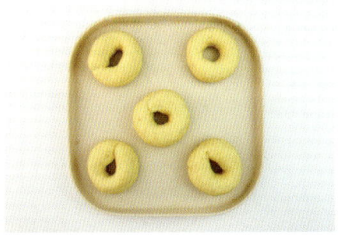

4 에어프라이어에서 160℃로 15분 동안 구워 준다.

➕ 손에 물을 묻혀 모양을 만들면 들러붙는 것을 방지할 수 있어요.
➕ 오븐 이용 시 170℃로 15분 동안 구워 주세요.

식빵타르트

부드러운 타르트 반죽을 만들어 식빵 위에 올려 구워 낸 메뉴입니다. 토핑으로 과일 또는 채소를 올려도 좋습니다.

○ **소요 시간** 20분

재료
○ 식빵 1장
필링 ○ 달걀 1개 ○ 요거트 30g

1 식빵을 오븐 용기에 놓고 가운데를 숟가락으로 눌러 오목하게 만들어 준다.

2 용기에 달걀과 요거트를 넣고 섞어 필링을 만들어 준다.

3 1에 만들어 둔 **2**를 부어 준다.

4 에어프라이어(또는 오븐)에서 160℃로 15분 동안 구워 준다.

+ 타르트 속 위에 과일 또는 채소 토핑을 올려도 좋습니다.

74

식빵소보로

식빵에 땅콩버터와 아몬드 가루가 들어간 소보로를 올려 소보로빵 대신 즐길 수 있는 메뉴입니다. 땅콩버터는 아이에게 건강한 지방을 공급하고 아몬드에는 비타민E가 풍부해요.

NO
EGG

⏲ **소요 시간** 15분

🍯 **재료**
○ 식빵 1장

소보로 ○ 아몬드 가루 30g ○ 버터 10g

1 식빵을 오븐 용기에 놓는다.

2 소보로를 만들기 위해 아몬드 가루와 버터를 넣고 한 덩어리가 되도록 반죽해 준다.

3 1에 2를 골고루 펴 준다.

4 에어프라이어(또는 오븐)에서 160℃로 10분 동안 구워 준다.

피자롤

식빵에 토마토와 치즈를 넣어 돌돌 말아 아이 손에 쥐어 주세요. 아이에게 딱 맞는 피자를 만들어 줄 수 있습니다.

NO EGG

⏱ **소요 시간** 10분

🥘 **재료**
○ 식빵 1장   ○ 토마토 20g   ○ 아기치즈 1장

1 식빵은 테두리를 잘라서 납작하게 눌러 준다.

2 토마토는 끓는 물에 1분 동안 데쳐 껍질을 벗겨 준다.

3 **2**를 잘게 다져 준다.

4 식빵에 치즈와 토마토를 올려 준다.

5 돌돌 말아 끝을 살짝 눌러 준다.

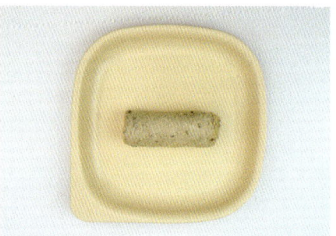

6 에어프라이어(또는 오븐)에서 170℃로 5분 동안 구워 준다.

고구마두부 브라우니

두부를 어떻게 먹이면 좋을까 고민이 될 때 만들어 보세요. 순두부가 들어가 속은 촉촉하고 꾸덕꾸덕한 느낌이 브라우니 식감과 비슷합니다.

NO
EGG

◷ **소요 시간** 20분

🕐 **재료**
○ 삶은 고구마 30g ○ 순두부 30g ○ 쌀가루 30g ○ 아기치즈 1장

1 삶은 고구마는 으깨 준다.

2 1에 순두부, 치즈, 쌀가루를 넣고 한 덩어리가 되도록 반죽해 준다.

3 2의 반죽을 네모 모양으로 만들어 준다.

4 에어프라이어에서 160℃로 15분 동안 구워 준다.

✛ 오븐 이용 시 170℃로 15분 동안 구워 주세요.

감자
시금치머핀

포슬포슬한 감자와 시금치가
더해져 식이섬유가 풍부한 빵
입니다. 시금치가 들어가 초록
색을 띠어 아이의 흥미를 유발
할 수 있어요.

⏱ **소요 시간** 20분

📋 **재료**
○ 삶은 감자 80g ○ 시금치 10g ○ 달걀 1개 ○ 분유물(또는 우유) 20ml
○ 전분가루 15g

1 삶은 감자는 으깨 준다.

2 1에 모든 재료를 넣고 한 덩어리
가 되도록 반죽해 준다.

3 머핀틀에 반죽을 나누어 담는
다.

4 오븐에서 170℃로 15분 동안 구
워 준다.

✚ 에어프라이어 이용 시 160℃로 10분 동안 구워 주세요.

사과쌀머핀

사과 퓌레를 간식으로만 제공
했다면 쌀가루와 함께 반죽해
맛있는 빵을 만들어 보세요. 간
식이 아닌 건강한 한 끼가 될 수
있어요. 달걀 없이 만들었지만
여기에 달걀을 더하면 더 부드
러운 빵이 될 수 있습니다.

NO
EGG

○ **소요 시간** 20분

🍴 **재료**
○ 사과 퓌레 40g ○ 쌀가루 30g ○ 분유물(또는 우유) 30ml

1 볼에 모든 재료를 넣고 한 덩어
리가 되도록 반죽해 준다.

2 머핀틀에 **1**을 넣어 준다.

3 에어프라이어(또는 오븐)에서
170℃로 15분 동안 구워 순다.

➕ 오로지 쌀가루로만 만들었기 때문에 떡과 같은 식감일 수 있습니다.
　 더 부드러운 식감을 원한다면 달걀 1개를 추가해 보세요.

단호박 연두부머핀

달걀 알레르기가 있는 아이들에게 좋은 메뉴입니다. 달걀을 대신해 연두부를 넣어 머핀을 만들어 보세요. 부드러운 식감으로 아이의 목넘김에 부담이 없어 좋아요.

NO EGG

소요 시간 15분

재료
○삶은 단호박 60g　○연두부 90g　○쌀가루 30g

1 삶은 단호박은 으깨 준다.

2 연두부는 물기를 제거하지 않고 **1**과 쌀가루를 넣어 한 덩어리가 되도록 반죽해 준다.

3 머핀틀에 반죽을 나누어 담는다.

4 에어프라이어(또는 오븐)에서 170℃로 15분 동안 구워 준다.

+ 연두부 대신 두부를 사용한다면 분유물(또는 요거트) 30g을 넣어 주세요.

브랙
퍼스트컵

식빵 또는 잡곡빵을 이용해 간단하게 만들 수 있는 머핀입니다. 아침 대용으로 자주 만들어 브랙퍼스트컵이라는 이름을 붙였어요. 집에 있는 과일 또는 감자, 고구마를 이용해 만들어서 엄마 아빠도 함께 즐겨 보세요.

○ **소요 시간** 15분

🍳 **재료**
○ 식빵 1장   ○ 달걀 1개   ○ 분유물 50ml   ○ 버터 5g

1 식빵은 먹기 좋은 크기로 질라 준다.

2 볼에 모든 재료를 넣고 한 덩어리가 되도록 반죽해 준다.

3 머핀틀에 반죽을 나누어 담는다.

4 에어프라이어(또는 오븐)에서 160℃로 15분 동안 구워 준다.

✚ 바나나, 블루베리, 사과 등의 과일 또는 단호박, 고구마를 넣어도 든든한 한 끼가 됩니다.

완두콩머핀

완두콩은 단백질과 비타민이 풍부하고 아이들이 부담 없이 먹기 좋은 식재료입니다. 완두콩이 들어간 머핀은 탄수화물과 단백질을 보충하고 미네랄이 풍부해 아이들의 면역력을 키우는 데 좋습니다.

○ **소요 시간** 15분

🍳 **재료**
○ 완두콩 30g ○ 쌀가루 30g ○ 달걀 1개 ○ 요거트 30g

1 완두콩은 물에 5분 동안 삶아 준다.

2 손을 이용해 껍질을 벗겨 준다.

3 블렌더에 **2**와 모든 재료를 넣고 갈아 준다.

4 머핀틀에 **3**을 나누어 담는다.

5 에어프라이어에서 170℃로 15분 동안 구워 준다.

✛ 사용하고 남은 완두콩은 냉동 보관 후 먹기 전에 해동해서 사용합니다.

3장

전자레인지로
만드는
빵 & 케이크
& 떡 & 찜

바나나 땅콩머핀

땅콩을 그대로 섭취하면 기도에 걸려 위험할 수 있으니 땅콩버터를 활용하는 것을 추천합니다. 바나나와 땅콩이 더해져 고소하고 든든한 한 끼가 될 수 있습니다.

⏱ **소요 시간** 5분

⚖ **재료**
○ 바나나 80g ○ 오트밀 15g ○ 땅콩버터 20g ○ 달걀 1개

1 바나나는 으깨 준다.

2 1에 오트밀, 땅콩버터, 달걀을 넣고 한 덩어리가 되도록 반죽해 준다.

3 머핀틀 또는 전자레인지 용기에 반죽을 넣고 1분 30초 동안 돌려 준다.

➕ 땅콩버터는 땅콩 100% 제품을 사용하는 걸 추천합니다.

고구마
아보카도
파운드

아보카도는 아이에게 좋은 지방을 공급할 수 있는 식재료입니다. 좋은 지방은 탄수화물, 단백질과 함께 필수 영양소 중 하나로 성장기 아이에게 중요한 역할을 합니다.

◯ **소요 시간** 5분

🥄 **재료**
◯ 삶은 고구마 50g ◯ 아보카도 50g ◯ 달걀 1개
◯ 쌀가루(또는 아몬드 가루) 15g

1 삶은 고구마는 으깨 준다.

2 **1**에 아보카도를 넣고 으깨 준다.

3 **2**에 달걀과 쌀가루를 넣고 한 덩어리가 되도록 반죽해 준다.

4 전자레인지 용기에 넣고 1분 30초 동안 돌려 준다.

옥수수찐빵

옥수수를 넣어 간단하게 만드
는 찐빵입니다. 옥수수의 고소
한 맛과 쌀가루가 들어가 든든
한 한 끼가 될 수 있습니다.

○ 소요 시간 5분

재료
○ 찐 옥수수 20g   ○ 달걀 1개   ○ 쌀가루(또는 아몬드 가루) 20g   ○ 물 20ml
○ 아기치즈 1장

1 찐 옥수수는 1알씩 떼 내어 준다.

2 볼에 **1**과 모든 재료를 넣고 한
덩어리가 되도록 반죽해 준다.

3 전자레인지 용기에 넣고 1분 동
안 돌려 준다.

+ 옥수수는 달걀과 함께 블렌더에 갈아 줘도 좋습니다.
+ 찜기를 이용해 끓는 물에 10분 동안 쪄도 좋습니다.

감자달걀빵

어릴 때 먹던 달걀빵을 생각하며 아이들에게 맞춰 만든 메뉴입니다. 아침 대용으로 정말 든든하고 아이도 정말 좋아합니다.

소요 시간 5분

재료

○삶은 감자 60g ○쌀가루 40g ○분유물(또는 우유) 40ml ○달걀노른자 1개 ○달걀 3개

1 삶은 감자는 으깨 준다.

2 **1**에 쌀가루, 달걀노른자, 분유물을 넣고 한 덩어리가 되도록 반죽해 준다.

3 머핀틀에 **2**를 나누어 담는다.

4 **3**에 달걀을 1개씩 올려 준다.

5 전자레인지에 3분 30초 동안 돌려 준다. 이때 한 번에 돌리지 않고 1분씩 끊어 가며 돌려 준다.

+ 남은 빵은 냉장 보관 후 전자레인지에 30초 데우거나 오븐에 데워 주세요.
+ 감자 양은 1/2로 줄이고 1개 분량만 만들어도 좋습니다.

요거트
컵케이크

간단한 재료로 만들 수 있는 한 끼입니다. 요거트가 들어가 부드러운 맛에 아이들이 정말 좋아합니다.

○ **소요 시간** 5분

🍲 **재료**
○ 요거트 50g   ○ 쌀가루 20g   ○ 달걀 1개

1 볼에 모든 재료를 넣고 한 덩어리가 되도록 반죽해 준다.

2 전자레인지 용기에 넣고 2분 동안 돌려 준다. 이때 뚜껑은 덮지 않는다.

분유빵

아이에게 분유 섭취량이 부족해 고민이 된다면 분유빵을 만들어 주세요. 분유 보충 및 식사로 즐기기 좋습니다.

◐ 소요 시간 5분

🍲 재료
◯ 분유 30g　◯ 쌀가루 10g　◯ 물 20ml　◯ 달걀 1개(또는 달걀노른자 2개)

1 모든 재료를 볼에 넣고 한 덩어리가 되도록 반죽해 준다.

2 전자레인지 용기에 넣어 뚜껑을 닫지 않고 1분 동안 돌려 준다.

➕ 고구마, 바나나, 감자 30g을 함께 넣어 만들어도 좋습니다.

애호박빵

애호박은 식이섬유가 풍부해 아이들의 장 운동과 소화가 잘 되도록 도와주는 식재료입니다. 초록색 채소를 싫어하는 아이에게 빵처럼 만들어 제공해 보세요. 색다른 요리가 됩니다.

🕐 **소요 시간** 5분

📋 **재료**
○ 애호박 50g ○ 쌀가루 10g ○ 오트밀 10g ○ 달걀 1개

1 애호박은 잘라서 전자레인지 용기에 넣어 2분 동안 익혀 준다.

2 1을 볼에 넣고 으깨 준다.

3 2에 달걀, 쌀가루, 오트밀을 넣고 한 덩어리가 되도록 반죽해 준다.

4 전자레인지 용기에 넣고 1분 30초 동안 조리한다.

➕ 애호박은 찜기 또는 끓는 물에 익혀 줘도 좋습니다.

오트밀두유 바나나빵

아이가 속이 불편할 때 부드러운 간식 또는 식사로 추천합니다. 바나나와 오트밀이 들어가 식이섬유가 풍부해 변비가 있는 아이들에게 좋습니다.

⏱ **소요 시간** 5분

🥄 **재료**
○ 바나나 1개(약 90g) ○ 두유 30g ○ 오트밀 30g ○ 달걀 1개

1 바나나는 으깨 준다.

2 **1**에 나머지 재료를 넣고 한 덩어리가 되도록 반죽해 준다.

3 전자레인지에 2분 동안 돌려 준다. 이때 뚜껑은 덮지 않는다.

➕ 두유 대신 분유물(또는 우유) 또는 요거트를 넣어도 좋습니다.
➕ 달걀흰자 알레르기가 있는 경우 달걀노른자를 2개 넣어 주세요.

단호박 토마토빵

돌 이전 아이들에게 토마토로 할 수 있는 요리는 한정적입니다. 토마토의 시큼한 맛이 단호박과 함께 어우러져 더 맛있게 즐길 수 있습니다.

○ **소요 시간** 5분

🍲 **재료**
○ 삶은 단호박 30g ○ 방울토마토(또는 토마토) 30g ○ 달걀 1개
○ 쌀가루 30g

1 토마토는 +모양을 낸다.

2 끓는 물에 **1**을 넣고 데친 후 껍질을 벗겨 준다.

3 껍질 벗긴 토마토는 으깨 준다.

4 **3**에 삶은 단호박, 달걀, 쌀가루를 넣고 한 덩어리가 되도록 반죽해 준다.

5 전자레인지에 1분 30초 돌려 준다.

✚ 아기치즈 1장을 넣고 함께 만들어도 좋습니다.

밤쌀떡

밤이 제철인 가을에 만들어 먹기 좋은 메뉴입니다. 밤과 쌀가루를 이용해 우리나라 전통 음식을 아이에게 만들어 주세요.

NO
EGG

⏱ 소요 시간 3분

⚖ 재료
○ 삶은 밤 20g ○ 쌀가루 30g ○ 요거트 50g

1 삶은 밤은 잘게 다져 준다.

2 볼에 **1**과 쌀가루, 요거트를 넣고 한 덩어리가 되도록 반죽해 준다.

3 전자레인지 용기에 담아 1분 동안 돌려 준다.

✚ 밤은 다지기에 잘게 갈아서 준비해도 좋습니다.
✚ 찜기를 이용해 끓는 물에 10분 동안 쪄도 좋습니다.

전자레인지
쌀떡

콩이 듬뿍 올라간 쌀떡을 생각하며 만든 메뉴입니다. 전자레인지만 있으면 집에서도 손쉽게 맛있는 찰떡을 완성할 수 있습니다.

NO
EGG

○ **소요 시간** 5분

🍚 **재료**
○ 찹쌀가루 100g　○ 분유물(또는 우유) 100ml
토핑 ○ 삶은 고구마, 삶은 밤 등 50g　○ 견과류 10g(생략 가능)

1 볼에 찹쌀가루와 분유물을 넣고 준비한다.

2 삶은 고구마와 밤을 준비하고, 견과류는 잘게 다져 준다.

3 **1**과 **2**를 섞어 한 덩어리가 되도록 반죽해 준다.

4 전자레인지 용기에 **3**을 넣고 스팀홀은 열어 둔다.

5 전자레인지에 3분 동안 돌려 준다.

＋ 랩을 씌워서 전자레인지를 돌릴 경우 구멍을 내고 돌려 주세요.
＋ 찜기를 이용해 끓는 물에 10분 동안 쪄도 좋습니다.

고구마
프리타타

'프리타타'는 달걀에 채소를 넣어 만든 이탈리아식 오믈렛을 말합니다. 본래는 기름에 튀기듯 굽지만 기름 없이 전자레인지로 쉽게 만들 수 있습니다.

○ **소요 시간** 5분

▢ **재료**
○ 고구마 30g   ○ 방울토마토(또는 토마토) 10g   ○ 달걀 1개

1 고구마와 토마토는 먹기 좋은 크기로 잘라 준다.

2 1에 달걀 1개를 넣고 달걀이 잘 섞이도록 반죽해 준다.

3 머핀틀 또는 전자레인지 용기에 반죽을 넣고 2분 동안 돌려 준다.

✚ 더 작은 입자로 만들고 싶다면 블렌더에 모든 재료를 넣고 갈아 주세요.

헐크머핀

초록색 시금치가 들어가 '헐크'라고 이름을 붙였습니다. 시금치와 사과가 은근 잘 어우러집니다.

◷ 소요 시간 5분

⏲ 재료

○ 시금치 10g ○ 사과 20g ○ 오트밀 20g ○ 달걀 1개

1 블렌더에 모든 재료를 넣고 갈아준다.

2 전자레인지 용기에 1을 담는다.

3 2분 동안 조리한다.

➕ 시금치는 데쳐서 사용해도 좋습니다.

바나나 블루베리빵

푹 익은 바나나를 버리지 말고 빵을 만들어 보세요. 바나나의 단맛이 더해져 아이에게 풍부한 식이섬유를 제공할 수 있습니다.

○ **소요 시간** 5분

🍚 **재료**
○ 바나나 60g ○ 블루베리 20g ○ 쌀가루 30g ○ 달걀 1개

1 볼에 바나나와 블루베리를 넣고 으깨 준다.

2 1에 쌀가루와 달걀을 넣고 한 덩어리가 되도록 반죽해 준다.

3 머핀틀 또는 전자레인지 용기에 반죽을 넣고 2분 동안 돌려 준다.

분유달걀찜

달걀찜에 육수와 물 대신 분유물을 넣고 더 부드럽게 만들었습니다. 아이가 아플 때 제공하면 목넘김이 좋아 잘 먹습니다.

○ 소요 시간 5분

재료
○ 달걀 1개 ○ 분유물(또는 우유) 150ml

1 볼에 분유물을 준비한다.

2 1에 달걀을 넣어 준다.

3 채반에 2를 두 번 걸러 준다.

4 전자레인지에 넣고 3분 동안 돌려 준다.

4장

손에 쥐고
먹기 좋은
볼 & 바

고구마 사과볼

고구마에 사과를 더해 볼로 만든 메뉴입니다. 입맛이 없는 아이의 입맛을 돋울 수 있어요.

NO
EGG

⏱ **소요 시간** 15분

🍴 **재료**
○ 삶은 고구마 60g   ○ 사과 30g   ○ 쌀가루 30g

1 삶은 고구마는 으깨 준다.

2 1에 다진 사과와 쌀가루를 넣고 한 덩어리가 되도록 반죽해 준다.

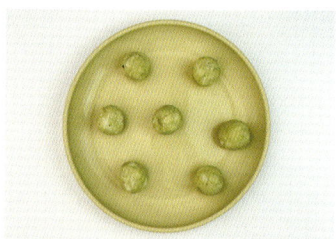

3 아이가 먹기 좋은 크기로 동그랗게 만들어 준다.

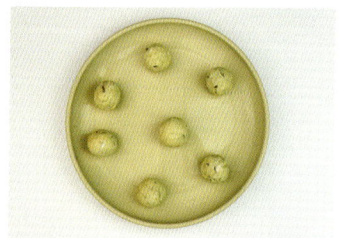

4 에어프라이어(또는 오븐)에서 170℃로 10분 동안 구워 준다.

➕ 사과는 갈아서 사용해도 좋습니다.

감자바

감자와 오트밀로 얇게 펴 만든 메뉴입니다. 감자를 으깨 만들어 부드럽습니다. 아이들이 정말 좋아하는 베스트 메뉴입니다.

⏱ **소요 시간** 15분

🍴 **재료**
○ 삶은 감자 60g   ○ 오트밀 10g   ○ 달걀노른자 1개   ○ 현미유 약간

1 삶은 감자는 으깨 준다.

2 1에 달걀노른자와 오트밀을 넣고 한 덩어리가 되도록 반죽해 준다.

3 종이포일 또는 오븐팬에 얇게 펴 준다.

4 에어프라이어(또는 오븐)에서 170℃로 13분 동안 구워 준다.

➕ 오븐팬에 올릴 때에는 현미유를 조금 두른 후 구우면 잘 떨어집니다.

단호박 닭가슴살볼

닭안심 또는 닭가슴살과 단호박을 섞어 부드럽게 반죽을 만들어 구워 보세요. 퍽퍽한 닭살이 단호박과 만나 부드럽고 단백질이 풍부한 메뉴가 탄생합니다.

NO EGG

○ **소요 시간** 15분

🍲 **재료**
○ 닭안심(또는 닭가슴살) 25g ○ 삶은 단호박 70g ○ 쌀가루 30g

1 닭안심은 힘줄을 제거해 준다.

2 삶은 단호박과 잘게 다진 닭안심을 준비한다.

3 볼에 모든 재료를 넣고 한 덩어리가 되도록 반죽해 준다.

4 먹기 좋은 크기로 모양을 낸다.

4 에어프라이어(또는 오븐)에서 170℃로 15분 동안 구워 준다.

➕ 익힌 닭안심살을 이용해도 좋습니다.

바나나 시금치볼

바나나와 시금치 조합은 맛도 좋고 식이섬유가 풍부해 변비를 예방할 수 있습니다. 이 2가지와 두부가 만나며 단백질까지 더해진 영양소 풍부한 한 끼를 만들어 보세요.

NO
EGG

◯ **소요 시간** 20분

🍳 **재료**
◯ 시금치 10g ◯ 바나나 30g ◯ 두부 30g ◯ 쌀가루 40g ◯ 현미유 1스푼

1 블렌더에 모든 재료를 넣고 한 덩어리가 되도록 반죽해 준다.

2 1을 치대 준 뒤, 동글동글 먹기 좋은 크기로 모양을 낸다.

3 에어프라이어(또는 오븐)에서 170℃로 15분 동안 구위 준다.

＋ 시금치는 데쳐서 사용해도 좋습니다.
＋ 두부는 별도로 물기를 제거하지 않습니다. 두부의 수분감에 따라 반죽의 농도가 다를 수 있습니다. 반죽이 너무 된 경우 물을 1스푼 넣어 주세요.

두부너겟

두부를 아이가 먹기 좋은 크기로 잘라 튀김옷을 입혀 에어프라이어(또는 오븐)에서 구워 주세요. 고소한 두부에 튀김옷을 입혀 더욱 맛있게 먹을 수 있습니다.

○ **소요 시간** 20분

🕐 **재료**
○ 두부 1/4모   ○ 달걀 1개   ○ 쌀가루 적당량   ○ 빵가루 적당량

1 두부는 먹기 좋은 크기로 잘라 키친타월로 물기를 제거한다.

2 물기를 제거한 두부에 쌀가루를 골고루 묻힌다.

3 달걀은 풀어서 준비하고 빵가루를 준비한다.

4 2에 달걀을 묻힌 다음 빵가루를 묻힌다.

4 오븐에서 180℃로 15분 동안 구워 준다.

➕ 에어프라이어 이용 시 170℃로 15분 동안 구워 주세요.
➕ 두부는 아이가 한 입에 먹기 좋게 잘라 주세요.

아보카도볼

아보카도를 퓌레로만 먹었다면 오트밀을 넣어 동글동글 볼을 만들어 보세요. 지방과 식이섬유가 풍부한 한 끼가 됩니다.

⏱ **소요 시간** 15분

⚖ **재료**
○ 아보카도 30g   ○ 달걀노른자 1개   ○ 오트밀 30g

1 아보카도는 껍질을 까서 으깨 준다.

2 1에 노른자와 오트밀을 넣고 한 덩어리가 되도록 반죽해 준다.

3 먹기 좋은 크기로 모양을 내 에어프라이어(또는 오븐)에서 170℃로 10분 동안 구워 준다.

비트감자볼

비트는 익으면 고구마와 비슷한 맛이 납니다. 하지만 아이들에게는 익숙하지 않은 식재료이지요. 감자나 고구마와 함께 구워 주면 고소함이 배가됩니다.

NO
EGG

◯ **소요 시간** 20분

🍴 **재료**
◯ 삶은 비트 15g ◯ 삶은 감자 60g ◯ 오트밀 15g

1 삶은 감자와 비트를 준비한다.

2 1에 오트밀을 넣고 한 덩어리가 되도록 반죽해 준다.

3 먹기 좋은 크기로 모양을 잡아 준다.

4 오븐에서 170℃로 10분 동안 구워 준다.

➕ 에어프라이어 이용 시 160℃로 10분 동안 구워 주세요.
➕ 감자 대신 고구마를 이용해도 좋습니다.

노른자밥볼

아이는 직접 손으로 만지고 느끼며 먹는 것을 좋아합니다. 이유식을 잘 안 먹는 아이도 색깔이 예뻐서 좋아하는 메뉴예요.

⏱ **소요 시간** 10분

🍱 **재료**
○ 달걀노른자 1개　○ 밥 80g

1 달걀은 노른자만 분리해 준다.

2 1에 밥을 넣고 한 덩어리가 되도록 반죽해 준다.

3 먹기 좋은 크기로 모양을 내 에어프라이어(또는 오븐)에서 170℃로 8분 동안 구워 준다.

✚ 달걀노른자의 크기에 따라 밥의 양을 조절해 주세요.

매생이밥볼

매생이는 5대 영양소가 골고루 들어 있어 성장기 아이들의 발육을 도와주는 정말 좋은 식재료입니다. 하지만 익숙하지 않은 식감과 색감으로 아이가 거부한다면 볼 형태로 만들어 집어 먹기 좋게 만들어 주세요.

NO EGG

○ 소요 시간 15분

🥄 재료
○ 매생이 20g ○ 밥 80g

1 밥과 매생이를 준비한다.

2 건조 매생이는 물에 불려서 사용하고, 생매생이는 물에 깨끗하게 씻어서 준비한다.

3 볼에 밥과 매생이를 담고 한 덩어리가 되도록 반죽해 준다.

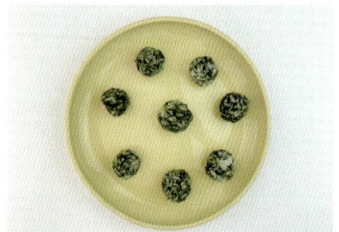

4 먹기 좋은 크기로 모양을 낸다.

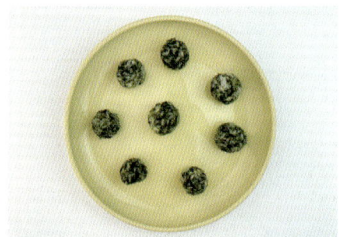

5 에어프라이어(또는 오븐)에서 170℃로 10분 동안 구워 준다.

➕ 자주 사용하시 않는 식재료라 건조 매생이를 사용하면 편하게 요리할 수 있습니다.
➕ 매생이의 물기를 꽉 짠 후 요리해 주세요.

새우감자 버거

새우버거를 생각하며 만든 메뉴입니다. 새우와 감자가 정말 잘 어울리고 담백한 맛에 아이가 정말 좋아합니다.

NO EGG

○ **소요 시간** 20분

○ **재료**
○ 삶은 감자 100g   ○ 새우 50g   ○ 쌀가루(또는 전분가루) 20g

1 삶은 감자는 으깨 준다.

2 새우는 다지거나 갈아 준다.

3 볼에 모든 재료를 넣고 한 덩어리가 되도록 반죽해 준다.

4 먹기 좋은 크기로 모양을 낸다.

5 에어프라이어(또는 오븐)에서 180℃로 15분 동안 구워 준다.

두부
옥수수볼

두부와 옥수수의 조합을 상상해 본 적 있나요? 정말 고소하고 맛있는 한 끼가 될 수 있습니다.

NO
EGG

○ **소요 시간** 15분

🥣 **재료**
○ 삶은 옥수수 30g   ○ 두부 40g   ○ 쌀가루 20g

1 볼에 모든 재료를 넣고 한 덩어리가 되도록 반죽해 준다.

2 아이가 먹기 좋은 크기로 동그랗게 모양을 낸다.

3 에어프라이어(또는 오븐)에서 170℃로 10분 동안 익혀 준다.

➕ 옥수수는 갈아서 사용해도 좋습니다.

소고기
치즈볼

아이들이 좋아하는 치즈를 넣어 고기와 함께 볼로 만든 메뉴입니다. 고기를 싫어하는 아이들도 맛있게 즐길 수 있습니다. 철분이 부족한 아이들을 위해 간식으로 제공해도 좋습니다.

NO EGG

○ **소요 시간** 15분

🍲 **재료**
○ 아기치즈 1장 ○ 분유물 30ml ○ 소고기 15g ○ 쌀가루 30g

1 전자레인지 용기에 치즈와 분유물을 넣고 전자레인지에 30초 돌려 치즈를 녹여 준다.

2 소고기는 쪄서 잘게 다져 준다.

3 볼에 모든 재료를 넣고 한 덩어리가 되도록 반죽해 준다.

4 먹기 좋은 크기로 모양을 낸다.

5 에어프라이어(또는 오븐)에서 170℃로 12분 동안 구워 준다.

흰살생선볼

가자미, 대구, 명태 등의 흰살생선은 비린 맛이 적어 이유식 재료로 정말 좋습니다. 지방 함량은 적고 단백질 함량이 높아 성장기 아이들에게 도움이 됩니다.

NO
EGG

⏱ **소요 시간** 15분

🫕 **재료**
○ 흰살생선 60g ○ 애호박 15g ○ 당근 15g ○ 쌀가루 30g ○ 물 1스푼

1 호박과 당근은 잘게 다져 준다.

2 볼에 모든 재료를 넣고 한 덩어리가 되도록 반죽해 준다.

3 먹기 좋게 모양을 낸다.

4 찜기에 넣고 끓는 물에 10분 동안 쪄 준다.

➕ 생선은 아이들 전용 손질 생선을 이용하면 간편합니다.
➕ 생선을 한 번 구워서 사용하면 비린 맛을 제거하는 데 도움이 됩니다.

소고기
감자볼

소고기와 감자는 정말 잘 어울리는 식재료입니다. 소고기를 곱게 갈아 감자와 한 덩어리로 만들어 간식으로 주어도 좋습니다. 아이가 이유식을 먹기 힘들어한다면 직접 집어먹을 수 있는 기회를 줘 보세요.

○ **소요 시간** 5분

재료
○ 삶은 감자 80g ○ 소고기 20g

1 소고기는 쪄서 익힌 뒤 곱게 갈아 준다.

2 볼에 삶은 감자와 **1**을 넣고 함께 반죽해 준다.

3 먹기 좋은 크기로 모양을 낸다.

+ 별도의 굽기 과정 없이 만드는 레시피입니다. 좀 더 단단한 식감을 원한다면 에어프라이어(또는 오븐)에서 170℃로 10분 동안 구워 주세요.

113

고구마 오트밀스틱

고구마와 오트밀은 정말 잘 어울리는 조합입니다. 식이섬유가 풍부한 두 식재료로 한 끼를 만들어 보세요. 아이가 쥐고 먹기 정말 좋은 이유식입니다.

NO EGG

○ **소요 시간** 5분

🍴 **재료**
○ 삶은 고구마 70g　○ 오트밀 30g　○ 아기치즈 1장

1 삶은 고구마는 으깨 준다.

2 1에 오트밀과 치즈를 넣고 한 덩어리가 되도록 반죽해 준다.

3 반죽을 펼쳐 전자레인지에 30초 동안 돌려 준다.

4 뒤집어서 30초 동안 추가로 돌려 준다.

➕ 좀 더 단단한 식감을 원한다면 에어프라이어(또는 오븐)에서 170℃로 15분 동안 돌려 주세요.

감자당근 매시스틱

당근과 감자는 정말 맛이 잘 어우러지는 재료입니다. 떫은맛 때문에 당근을 싫어하는 아이라도 푹 익은 당근에는 단맛이 더해져 맛있게 먹을 수 있습니다.

NO
EGG

○ 소요 시간 20분

🍲 재료

○ 삶은 당근 20g   ○ 삶은 감자 60g   ○ 쌀가루 15g

1 삶은 감자와 당근을 준비한다.

2 1에 쌀가루를 넣고 한 덩어리가 되도록 반죽해 준다.

3 손에 쥐고 먹기 좋은 크기로 모양을 낸다.

4 오븐에서 170℃로 15분 동안 구워 준다.

+ 에어프라이어 이용 시 160℃로 15분 동안 구워 주세요.

아보카도 바나나 바이트

아보카도와 바나나는 정말 잘 어울리는 조합입니다. 여기에 오트밀을 넣어 포만감도 주고, 탄수화물도 보충할 수 있는 메뉴입니다.

NO
EGG

○ 소요 시간 5분

🥄 재료
○ 아보카도 20g   ○ 바나나 40g   ○ 오트밀 30g

1 아보카도와 바나나는 볼에 넣어 으깨 준다.

2 1에 오트밀을 넣어 한 덩어리가 되도록 반죽해 준다.

3 아이가 쥐고 먹기 좋은 형태로 만들어 준다.

4 . 에어프라이어(또는 오븐)에서 170℃로 10분 동안 구워 준다.

애호박 두부볼

두부볼은 아이에게 인기가 많은 메뉴입니다. 이 메뉴는 애호박이 들어가 더욱 부드럽게 즐길 수 있습니다. 동그랗게 만든 볼 형태는 아이의 소근육 발달에도 좋습니다.

NO EGG

◯ **소요 시간** 20분

🏷 **재료**
◯ 두부 100g   ◯ 애호박 60g   ◯ 쌀가루 20g

1 애호박은 잘게 다져 준다.

2 1에 두부도 부드럽게 으깨 준다.

3 2에 쌀가루를 넣고 한 덩어리가 되도록 반죽해 준다.

4 아이가 먹기 좋은 크기로 동그랗게 모양을 잡아 준다.

5 에어프라이어에서 160℃로 15분 동안 구워 준다.

✚ 두부는 데쳐서 사용할 경우 바깥면을 키친타월로 적셔 물기를 제거해 주세요.

✚ 애호박은 블렌더에 잘게 다져 사용해도 좋아요.

소고기
두부스틱

소고기와 두부가 들어가 단백질이 풍부한 메뉴입니다. 단백질과 탄수화물을 동시에 보충하고 포만감을 줘 든든한 한 끼로 좋습니다.

NO
EGG

◯ **소요 시간** 15분

◻ **재료**
◯ 두부 50g ◯ 소고기 10g ◯ 쌀가루 15g

1 두부는 으깨고, 소고기는 쪄서 곱게 갈아 준다.

2 볼에 모든 재료를 넣고 한 덩어리가 되도록 반죽해 준다.

3 아이가 먹기 좋은 크기로 모양을 낸다.

4 에어프라이어(또는 오븐)에서 170℃로 10분 동안 구워 준다.

치즈스틱

치즈를 넣어 만든 이 메뉴는 죽 등 다른 메뉴와 함께 곁들이기 좋고, 간식으로도 먹기 좋습니다. 밀가루를 대신해 라이스페이퍼로 치즈를 감싸 손쉽게 만들 수 있습니다.

NO
EGG

○ **소요 시간** 5분

🍴 **재료**
○ 아기치즈 1장　○ 라이스페이퍼 2장　○ 현미유 약간

1 치즈는 손끝으로 말아 길게 모양을 낸다.

2 라이스페이퍼는 물에 적시고 위에 **1**의 치즈를 올려 준다.

3 라이스페이퍼 2장으로 치즈를 감싸 준다.

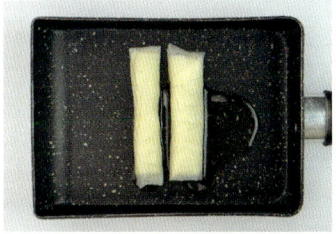

4 팬에 현미유를 조금 두르고 색이 날 때까지 3분 정도 구워 준다.

✚ 윗면에 기름을 바르고 에어프라이어(또는 오븐)에서 170℃로 10분 동안 구워도 좋습니다.

119

단호박 납작바

단호박과 오트밀이 함께 들어가 식이섬유와 철분이 풍부한 한 끼입니다. 단호박의 달달한 맛에 자꾸만 손이 가는 메뉴입니다.

NO EGG

○ **소요 시간** 15분

📋 **재료**
○ 삶은 단호박 100g ○ 오트밀 가루(또는 오트밀) 30g

1 삶은 단호박은 으깨 준다.

2 1에 오트밀가루를 넣어 준다.

3 한 덩어리가 되도록 반죽한 후 종이포일 또는 오븐팬에 얇게 펴 준다.

4 에어프라이어(또는 오븐)에서 170℃로 10분 동안 구워 준다.

➕ 오트밀 가루가 없다면 블렌더에 오트밀을 넣고 갈아 가루를 만들어 보세요.

해시브라운

해시브라운을 생각하며 만든 메뉴입니다. 겉면을 바삭하게 구우면 더욱 맛있게 즐길 수 있습니다. 아직 이가 나지 않은 아이라면 부드럽게 익혀 줘도 좋습니다.

NO
EGG

🕐 **소요 시간** 10분

🍳 **재료**
○ 생감자 150g   ○ 쌀가루(또는 찹쌀가루) 25g   ○ 현미유 약간

1 감자는 잘게 다져 준다.

2 1에 쌀가루를 넣고 한 덩어리가 되도록 반죽해 준다.

3 팬에 현미유를 조금 두르고 먹기 좋은 크기로 모양을 내 약불에서 5분 동안 구워 준다.

4 끝부분이 익으면 뒤집어 4분 동안 마저 익혀 준다.

✚ 브로콜리나 당근을 잘게 다져 함께 넣어도 좋습니다.

감자플랫
브레드

감자는 이유식에 많이 이용하는 식재료입니다. 감자를 넣어 쫀득한 빵을 만들어 보세요. 이가 나서 잇몸이 간지러운 아이에게 정말 맛있는 한 끼가 됩니다.

NO EGG

○ **소요 시간** 15분

○ **재료**
○ 삶은 감자 100g   ○ 쌀가루 30g   ○ 아기치즈 1장

1 삶은 감자는 으깨 준다.

2 1에 쌀가루와 치즈를 넣어 한 덩어리가 되도록 반죽해 준다.

3 반죽을 납작하게 펼쳐 준다.

4 에어프라이어(또는 오븐)에서 170℃로 10분 동안 구워 준다.

소고기버섯
밥스틱

소고기와 버섯을 이용해 죽을 끓여서 제공했다면 아이가 쥐기 좋은 크기로 만들어 보세요. 잘 안 먹던 아이도 직접 질감을 느끼고 스스로 먹으면서 먹는 즐거움을 느낄 수 있습니다.

NO EGG

◯ **소요 시간** 15분

🍽 **재료**
◯ 버섯 30g　◯ 소고기 30g　◯ 밥 80g　◯ 올리브유 1스푼

1 버섯과 소고기는 잘게 다져 준다.

2 프라이팬에 올리브유를 두르고 중불에서 버섯과 소고기를 볶아 준다.

3 볼에 **2**와 밥을 넣고 한 덩어리가 되도록 반죽해 준다.

4 아이가 먹기 좋은 크기로 모양을 낸다.

5 에어프라이어(또는 오븐)에서 170℃로 10분 동안 구워 준다.

+ 밥이 너무 질다면 쌀가루 1스푼을 추가해 모양을 만들어 보세요.

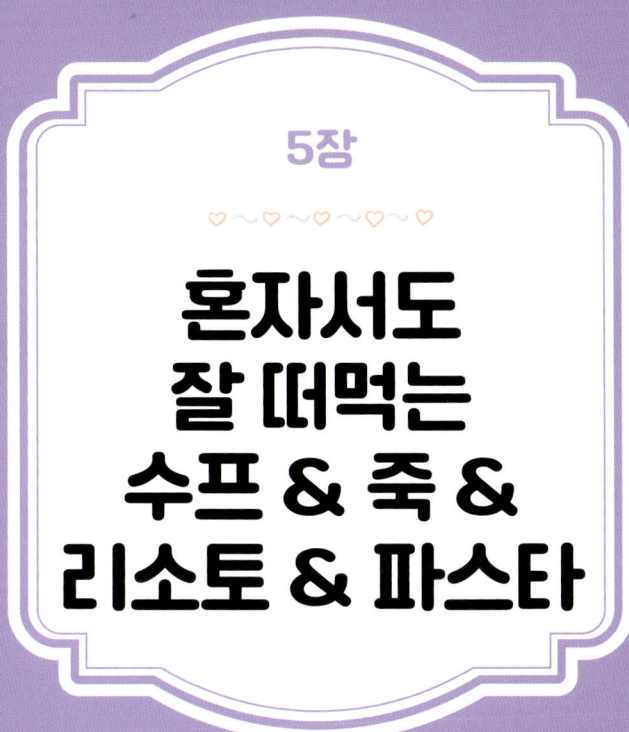

5장

혼자서도
잘 떠먹는
수프 & 죽 &
리소토 & 파스타

단호박수프

단호박을 삶고 소진하기 힘들다면 부드러운 수프를 만들어 보세요. 입맛 없는 아이의 입맛이 돌아올 거예요.

NO
EGG

○ 소요 시간 5분

🍶 재료
○ 삶은 단호박 50g ○ 분유물(또는 우유) 120ml ○ 아기치즈 1 장
○ 오트밀 30g

1 블렌더에 삶은 단호박, 분유물, 오트밀을 넣고 곱게 갈아 준다.

2 전자레인지 용기에 **1**을 넣고 치즈 1장을 올려 준다.

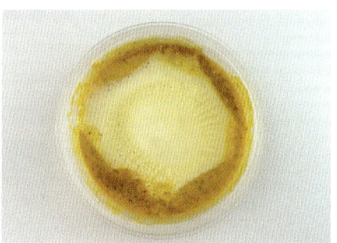

3 전자레인지에 1분 동안 돌려 준다.

4 내용물을 꺼내 스푼으로 잘 저어 준다.

✚ 전자레인지 대신 냄비를 이용할 경우 **1**이 끓어오르면 불을 끄고 아기 치즈 1장을 넣어 주세요.

고구마
오트밀수프

전자레인지로 간편하게 만들 수 있는 수프입니다. 아이가 배고파할 때 급하게 만들어 주기 좋습니다.

NO
EGG

○ **소요 시간** 5분

○ **재료**
○ 삶은 고구마 120g   ○ 오트밀 30g   ○ 분유물(또는 우유) 150ml

1 블렌더에 모든 재료를 넣고 갈아 준다.

2 전자레인지 용기에 넣고 뚜껑을 닫고 1분 동안 돌려 준다.

3 전자레인지에서 꺼내 저어 준다.

➕ 오트밀은 입자 또는 가루 모두 좋습니다.

브로콜리
감자수프

감자와 브로콜리는 정말 잘 어
울리는 식재료입니다. 브로콜
리의 향이 강해 아이가 잘 안 먹
는다면 감자와 함께 갈아 부드
럽게 만들어 보세요.

NO
EGG

○ 소요 시간 10분

🍲 재료
○ 삶은 감자 100g ○ 브로콜리 20g ○ 분유물(또는 우유) 200ml
○ 버터 10g(생략 가능) ○ 아기치즈 1장(생략 가능)

1 브로콜리와 삶은 감자, 분유물을 넣고 블렌더에 갈아 준다.

2 1을 냄비에 붓고 버터를 넣어 준다.

3 중약불에서 스패츌러로 저어 가며 5분 동안 끓이고, 끓어오르면 치즈 1장을 넣고 마무리한다.

+ 버터는 브로콜리의 향을 잡아 주는 데 좋습니다.

크림
오트밀죽

오트밀포리지를 전자레인지로 간단하게 만든 메뉴입니다. 분유물을 넣어 영양소도 풍부하고 부드러워서 아이가 정말 좋아합니다.

NO
EGG

○ **소요 시간** 3분

🥣 **재료**
○ 오트밀 15g   ○ 분유물(또는 우유) 70ml   ○ 아기치즈 1장

1 볼에 모든 재료를 넣어 준다. 이때 치즈가 맨 위에 올 수 있도록 한나.

2 전자레인지에 **1**을 넣고 1분 동안 돌려 준다.

3 꺼내서 잘 섞어 준다.

+ 조리 후 총량은 약 100ml입니다.

새우미역죽

소고기와 미역의 조합이 일반적
이지만 새우를 넣고 만들어도
좋습니다. 바다냄새가 가득한
맛있는 죽이 입맛을 당깁니다.

NO
EGG

○ 소요 시간 10분

🝐 재료

○ 마른 미역 1g   ○ 새우 20g   ○ 밥 80g   ○ 물(또는 육수) 150ml

1 미역은 물에 담가 불려 준다.

2 냉동 새우는 물로 씻은 후 잘라
준다.

3 냄비에 밥과 육수와 **1, 2**를 넣고
강불로 3분 동안 끓여 준다.

4 끓어오르면 불을 줄이고 5분 동
안 끓여 완성한다.

✚ 밥과 미역, 새우를 블렌더에 갈아서 끓여도 좋습니다.

소고기치즈
오트밀죽

소고기와 오트밀이 더해져 철분이 풍부한 메뉴입니다. 성장기 아이들에게 철분은 정말 중요한 역할을 합니다. 분유물이 들어가 더욱 부드럽게 즐길 수 있습니다.

NO
EGG

○ **소요 시간** 10분

🍲 **재료**

○ 오트밀 30g ○ 소고기 15g ○ 분유물 100ml ○ 아기치즈 1장

1 소고기는 찐 다음 곱게 갈아 준다.

2 냄비에 모든 재료를 넣어 준다.

3 중약불에서 3~5분 동안 끓여 완성한다.

✚ 전자레인지 이용 시 2분 동안 돌려 주세요. 오트밀의 종류에 따라 시간이 달라질 수 있습니다.

바나나
오트밀죽

아이가 입맛이 없는 날에 잘 익은 바나나와 함께 만든 메뉴를 제공해 보세요. 부드러워 속을 달래 주고 변비에도 좋습니다.

NO
EGG

⏱ 소요 시간 5분

🥣 재료
○ 바나나 70g　○ 오트밀 30g　○ 물 100ml　○ 땅콩버터 10g(생략 가능)

1 바나나는 으깨 준다.

2 1에 모든 재료를 넣고 뚜껑을 닫아 전자레인지에 1분 30초 돌려 준다.

3 뚜껑을 열고 한 번 섞어 준다.

닭고기
크림스튜

닭고기를 분유물과 함께 끓여
뜨끈하게 먹는 스튜입니다. 부
드러워서 목넘김에 좋습니다.
부드러운 맛에 아이들이 반할
거예요.

NO
EGG

🕐 **소요 시간** 10분

🥣 **재료**
○ 닭고기 안심살 30g ○ 버섯 10g ○ 브로콜리 10g ○ 버터 5g
○ 물 또는 육수 70ml ○ 분유물(또는 우유) 50ml

1 닭은 우유에 담가 잡내를 제거하
고, 채소는 먹기 좋은 크기로 잘라
준다.

2 냄비에 버터를 녹여 **1**을 약불에
서 2분 동안 볶아 준다.

3 **2**에 분유물과 물을 넣고 약 7분
동안 끓여 준다.

당근
스무디볼

당근은 베타카로틴이 풍부하고 식이섬유가 풍부한 식재료입니다. 당근을 익혀 부드럽게 갈아서 제공해 보세요. 변비로 고생하는 아이에게 정말 좋은 메뉴가 됩니다.

NO
EGG

○ **소요 시간** 10분

🍽 **재료**
○ 찐 당근 50g　○ 요거트 50g　○ 사과 30g

1 블렌더에 모든 재료를 넣고 갈아 준다.

2 접시에 **1**을 담고 오트밀, 찐 당근, 견과류 등 아이가 좋아하는 토핑을 올린다.

✛ 토핑으로 땅콩버터, 그릭요거트, 오트밀 등을 올리면 잘 어울려요.

시금치
리소토

시금치를 분유물과 함께 갈면 초록색 물이 됩니다. 이것이 밥과 어우러지면 초록색 밥이 되지요. 하얀색 죽만 보다가 색다른 색감을 보면 아이의 눈도 즐겁고 음식에 더욱 흥미를 유발할 수 있습니다.

○ **소요 시간** 10분

🍱 **재료**

○ 시금치 15g ○ 분유물(또는 우유) 150ml ○ 밥 100g ○ 아기치즈 1장

1 시금치와 분유물을 블렌더에 넣고 갈아 준다.

2 냄비에 밥과 **1**을 넣어 준다.

3 중약불에서 저어 가며 5분 동안 끓여 준다.

4 내용물이 끓어오르면 치즈를 넣고 1분 동안 끓여 준다.

✚ 밥을 더 작은 입자로 하고 싶다면 밥과 분유물을 함께 넣어 블렌더에 살짝 갈아 주세요.

연어리소토

연어를 버터에 한 번 구워 비린
내를 잡은 뒤 물, 버터, 치즈와
함께 끓여 주면 정말 근사한 한
끼가 됩니다.

NO
EGG

○ **소요 시간** 15분

🥣 **재료**
○ 연어 30g   ○ 버터 10g   ○ 대파 10g   ○ 밥 100g   ○ 물(또는 육수) 120ml
○ 아기치즈 1장

1 냄비에 버터를 녹이고 약불에서
대파를 1분 동안 볶아 대파기름을
내 준다.

2 1에 연어를 앞뒤로 익혀 준다.

3 2에 밥과 물을 넣어서 중약불에
서 6분 동안 끓여 준다.

4 내용물이 끓어오르면 치즈 1장
을 넣고 1분 동안 끓여 준다.

게살크림
리소토

게살을 이용해 만든 리소토는 부드러워 아이들이 정말 좋아하는 메뉴입니다. 분유 보충이 필요한 아이에게 만들어 주면 좋습니다.

NO EGG

⏱ **소요 시간** 10분

🥄 **재료**
○ 게살 30g ○ 버터 10g ○ 밥 100g ○ 분유물(또는 우유) 150ml
○ 아기치즈 1장(생략 가능)

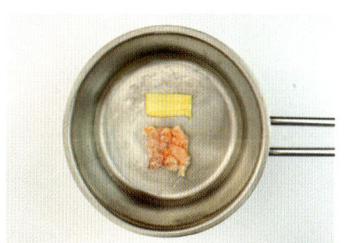

1 냄비에 버터를 녹여 약불에서 2분 동안 게살을 볶아 준다.

2 밥과 분유물을 넣고 중약불에서 5분 동안 끓여 준다.

3 한소끔 끓어오르면 불을 끄고 접시에 덜어 낸다.

✛ **3**에서 아기치즈 1장을 넣어도 좋습니다.

두부리소토

두부를 갈아 육수처럼 이용해 리소토를 만들면 두부의 고소함이 더해지고 부드럽게 먹을 수 있습니다. 두부를 어떻게 먹여야 할지 고민이라면 이 메뉴를 추천합니다.

NO
EGG

○ **소요 시간** 10분

🍲 **재료**
○ 연두부 80g ○ 물(또는 우유) 70ml ○ 버터 10g ○ 버섯 10g ○ 당근 10g
○ 애호박 10g ○ 밥 80g

1 블렌더에 연두부와 물을 넣고 갈아 준다.

2 채소는 아이에 맞게 잘게 다져 준다.

3 냄비에 버터를 녹이고 **2**를 넣고 약불에서 2분 동안 볶아 준다.

4 채소가 반투명하게 익으면 **1**과 밥을 넣고 5분 동안 끓여 준다.

➕ 연두부가 아닌 두부 이용 시 양을 1/2로 줄여 주세요.

138

망고치킨 리소토

망고는 닭과 정말 잘 어우러지는 식재료입니다. 치킨리소토에 망고를 살짝 더해 새콤달콤한 밥을 만들어 주세요.

NO
EGG

○ 소요 시간 10분

△ 재료

○ 망고 30g ○ 닭고기 안심살 30g ○ 밥 80g ○ 물(또는 육수) 120ml

1 망고는 먹기 좋은 크기로 잘게 다져주고 닭은 우유에 담가 잡내를 제거한다.

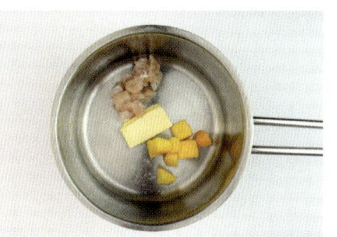

2 냄비에 버터를 녹여 **1**을 약불에서 **3**분 동안 볶아 준다.

3 **2**에 밥과 물을 넣고 중약불에서 5분 동안 끓여 준다.

✚ 냉동 망고 이용 시 한 번 씻은 후 녹여서 사용하세요.

완두콩
리소토

완두콩은 식물성 단백질이 풍부해서 근육 성장과 면역력에 좋고, 식이섬유가 풍부해 변비가 잦은 아이들에게 도움이 되는 식재료입니다. 완두콩을 분유물과 함께 곱게 갈아 리소토를 만들어 보세요. 예쁜 색감으로 아이의 눈을 사로잡습니다.

NO
EGG

⏱ 소요 시간 5분

🍲 재료
○ 완두콩 30g   ○ 분유물 100ml   ○ 밥 80g

1 완두콩은 끓는 물에 5분 동안 삶아 준다.

2 손으로 완두콩을 눌러 껍질을 벗겨 낸다.

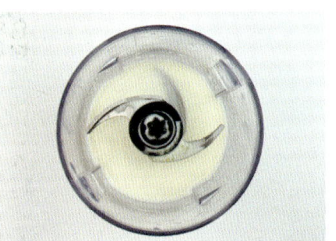

3 블렌더에 모든 재료를 넣고 갈아 준다.

4 냄비에 **3**을 넣고 중약불에서 5분 동안 끓여 준다.

밥새우
오트밀
리소토

탄수화물, 단백질, 지방이 골고
루 들어간 영양 만점 메뉴입니
다. 전자레인지로 간단하게 만
들 수 있습니다.

🕐 **소요 시간** 5분

⏲ **재료**
○ 오트밀 30g ○ 달걀 1개 ○ 물 60ml ○ 밥새우 3g

1 전자레인지용 용기에 모든 재료
를 넣는다.

2 재료가 고루 섞이도록 한 번 저
어 준다.

3 뚜껑 또는 랩을 씌워 전자레인
지에 1분 돌려 준다.

4 뚜껑을 열고 한 번 섞어 준다.

➕ 전자레인지가 아닌 냄비에 끓여도 좋습니다.
➕ 묽은 농도를 원한다면 물을 추가해서 끓이면 됩니다.

141

크림파스타

아이가 좋아하는 면이나 아이
가 잘 잡을 수 있는 면으로 크림
파스타를 만들어 보세요. 잘 집
어 먹지 못한다고, 바닥에 흘린
다고 속상해하지 마세요. 아이
의 소근육이 점점 더 발달하는
중입니다.

NO
EGG

○ 소요 시간 20분

🍵 재료
○ 파스타면 50g ○ 분유물(또는 우유) 100ml ○ 아기치즈 1장

1 파스타면을 끓는 물에 12분 동안
삶아 준다.

2 프라이팬에 모든 재료를 넣고 2
분 동안 끓여서 완성한다.

비트파스타

비트와 파스타면을 함께 삶아 정말 간편하게 만들 수 있는 메뉴입니다. 아이의 소근육 발달에 좋고, 아이가 도구 사용하는 법을 배울 수 있습니다.

NO
EGG

○ 소요 시간 15분

🍽 재료

○ 비트 30g　○ 파스타면 50g　○ 올리브유 1티스푼　○ 아기치즈 1장

1 냄비에 비트와 파스타면을 함께 넣어 10분 동안 삶아 준다.

2 면과 비트가 다 익으면 볼에 덜어 올리브유와 치즈를 넣어 준다.

3 모든 재료가 잘 어우러지도록 섞어 준다.

✛ 비트 대신 브로콜리를 사용해도 좋습니다.
✛ 파스타면을 종류별로 사용하면 아이의 흥미를 유발할 수 있습니다.

오트밀매시
포테이토

매시포테이토에 오트밀을 더해
철분을 보충할 수 있습니다. 식
이섬유도 풍부해서 변비에도
좋은 메뉴입니다.

NO
EGG

○ 소요 시간 10분

▢ 재료
○ 감자 100g   ○ 오트밀 15g   ○ 분유물(또는 우유) 50ml

1 감자는 잘게 잘라 물을 넣고 5분
동안 삶아서 익혀 준다.

2 물은 버리고 분유물과 오트밀을
넣고 약불에서 3분 동안 끓여 준
다.

✚ 아이에 따라 감자를 부드럽게 으깨 줘도 좋습니다.

당근리소토

당근을 주 재료로 이용해 비타 민이 풍부하고, 색감이 예뻐 아 이들이 좋아하는 메뉴입니다. 쌀이 아닌 밥을 이용해 손쉽게 만들 수 있습니다.

NO
EGG

○ **소요 시간** 10분

🍲 **재료**
○ 익힌 당근 50g ○ 물(또는 육수) 130ml ○ 밥 100g ○ 아기치즈 1장

1 당근은 물에 넣어 삶아 준다.

2 블렌더에 익힌 당근과 물을 넣 고 갈아 준다.

3 냄비에 **2**와 밥, 치즈를 넣고 중 불로 5분 동안 끓여 낸다.

✚ 아이에 따라 **2**에 밥도 함께 넣어서 갈아도 좋아요.

애호박 치즈밥

어디서든 쉽게 구할 수 있는 애호박으로 만든 리소토입니다. 아이에게 풍부한 미네랄 섭취를 도와줍니다.

NO EGG

⏱ **소요 시간** 5분

⚖ **재료**
○ 애호박 30g ○ 밥 80g ○ 아기치즈 1장 ○ 버터 10g ○ 분유물(또는 우유) 30ml

1 애호박은 다져 준다.

2 전자레인지 용기에 모든 재료를 넣고 전자레인지에 2분 동안 돌려 준다.

3 먹기 전에 섞어 준다.

＋ 아이가 묽은 것을 좋아한다면 분유물 양을 추가해 주세요.

두부
오트밀밥

두부는 단백질이 풍부해서 아이들의 성장 발달에 도움이 되는 식재료입니다. 두부에 오트밀을 더해 쌀과는 또 다른 식감으로 즐길 수 있습니다.

◯ **소요 시간** 5분

🥣 **재료**

◯ 두부 50g　◯ 오트밀 30g　◯ 달걀 1개　◯ 물 50ml

1 두부는 물기를 제거하지 않고 으깨 준다.

2 1에 나머지 재료를 모두 넣고 섞어 준다.

3 전자레인지에 1분 30초 동안 돌려 준다.

4 뚜껑을 열고 한 번 섞어 준다.

✚ 아이가 좋아하는 채소나 고기를 볶아서 넣어도 좋습니다.

6장

♡～♡～♡～♡～♡

아기를 위한
음료 & 소르베

오렌지
셔벗

이앓이로 고생하는 아이에게 입 속의 얼얼함을 완화시켜 줄 수 있는 메뉴입니다. 날씨가 더워 아이가 힘들어할 때 줘도 좋습니다.

NO
EGG

◔ **소요 시간** 5분

🥄 **재료**
○ 오렌지 80g ○ 요거트 50g

1 오렌지는 속껍질까지 벗겨 냉동실에서 얼린다.

2 얼린 오렌지를 요거트와 함께 블렌더에 갈아 준다.

✚ 과즙망에 넣어 제공해도 좋습니다.

150

청포도주스

아이가 입맛이 없을 때 당도가 높은 청포도를 이용해 주스를 만들어 보세요. 변비로 고생하는 아이에게도 효과가 있습니다.

NO EGG

◐ **소요 시간** 5분

🍶 **재료**
○ 청포도 120g   ○ 요거트 50g

1 청포도는 식촛물에 5분 동안 담가서 준비한다.

2 블렌더에 모든 재료를 넣고 갈아 준다.

3 채망을 이용해 즙만 걸러 낸다.

✚ 식촛물은 물 1L에 식초 2방울을 떨어뜨려 준비해 주세요.

토마토
딸기주스

빨간 색이 예쁜 음료입니다. 입맛이 없는 아이에게 새콤달콤한 음료를 제공해 보세요.

NO
EGG

○ 소요 시간 5분

○ 재료
○ 토마토 50g   ○ 딸기 40g   ○ 물 70ml

1 토마토는 +로 칼집을 내 끓는 물에 데쳐 껍질을 벗겨 준다.

2 블렌더에 딸기와 1을 넣고 갈아 준다.

+ 좀 더 부드럽게 하고 싶다면 체에 한 번 걸러 주세요.

바나나 블루베리 오트라떼

블루베리와 오트밀은 베타카로 틴이 풍부해 눈 건강에 좋은 식 재료입니다. 아이가 아파서 잘 못 먹는 날에 이 주스를 제공해 보세요. 아이의 입맛을 돋우고 속을 편안하게 할 수 있습니다.

NO
EGG

🕐 **소요 시간** 5분

⚖️ **재료**
○ 바나나 1개   ○ 블루베리 30g   ○ 오트밀 15g   ○ 물 120ml

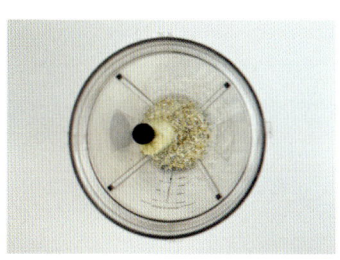

1 블렌더에 모든 재료를 넣고 갈아 준다.

✚ 좀 더 부드럽게 하고 싶다면 체에 한 번 걸러 주세요.

아보카도
바나나
스무디

아보카도와 바나나는 어떻게 먹어도 맛있는 조합입니다. 아보카도는 지방을 보충해 주는 중요한 식재료이며, 바나나는 섬유질이 풍부해 변비를 예방할 수 있습니다.

○ 소요 시간 5분

🥄 재료

○ 아보카도 30g ○ 바나나 70g ○ 분유물(또는 우유) 70ml

1 블렌더에 모든 재료를 넣고 갈아 준다.

➕ 분유물은 한 번 식혀서 사용합니다.

바나나비트 스무디

아이에게 익숙하지 않은 식재료인 비트와 바나나를 함께 넣어 만든 스무디입니다. 잘 익은 바나나로 만들면 아이의 장 운동을 도와줄 수 있습니다.

NO EGG

🕐 **소요 시간** 5분

⚖ **재료**
○ 삶은 비트 20g ○ 바나나 70g ○ 분유물(또는 우유) 120ml

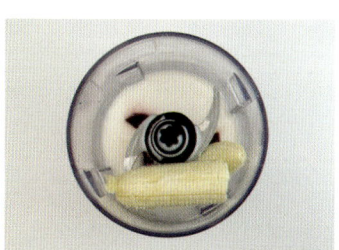

1 블렌더에 모든 재료를 넣고 갈아준다.

쾌변스무디

아이가 변비로 고생한다면 브로콜리가 들어간 스무디를 만들어 주세요. 식이섬유가 풍부한 식재료가 모여 장 운동을 도와줍니다.

NO EGG

○ 소요 시간 5분

○ 재료
○ 망고 30g ○ 데친 브로콜리 15g ○ 바나나 50g ○ 땅콩버터 15g
○ 분유물(또는 우유) 70ml

1 블렌더에 모든 재료를 넣고 갈아준다.

오렌지
당근주스

오렌지와 당근을 함께 갈면 당근의 맛을 오렌지가 덮어 상큼한 주스가 완성됩니다. 아이의 식욕을 돋우는 데 좋은 음료입니다.

NO
EGG

○ **소요 시간** 5분

☒ **재료**
○ 귤(또는 오렌지) 40g(오렌지 1/2개)　○ 당근 40g　○ 물 150ml

1 블렌더에 모든 재료를 넣고 갈아 준다.

2 채망을 이용해 즙만 걸러 낸다.

요거트팝

아이들이 이가 나기 시작하면서 이앓이로 잘 먹지 못하고 힘들어할 때 좋은 메뉴입니다. 시원함이 이앓이의 통증을 완화시켜 줍니다.

NO
EGG

○ **소요 시간** 4시간

◷ **재료**
○ 요거트(또는 그릭요거트) 1팩   ○ 제철 과일 적당량

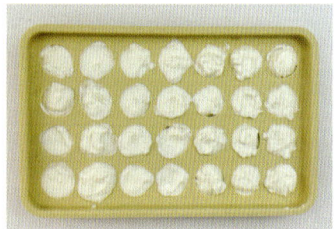

1 작은 얼음틀에 요거트를 부어 준다.

2 아이가 좋아하는 과일을 작게 잘라 요거트에 넣어 준다.

3 냉동실에 4시간 이상 얼린다.

➕ 그대로 제공해도 좋고, 실리콘 과일망에 넣어서 제공해도 좋습니다.

7장

간식으로 좋은
아기쿠키

감자당근칩

오로지 감자와 당근으로만 만
든 과자입니다. 끼니 사이에 간
식으로 주면 든든합니다.

NO
EGG

○ **소요 시간** 20분

🍳 **재료**
○ 삶은 감자 130g   ○ 삶은 당근 50g

1 삶은 감자와 당근은 으깨 준다.

2 동글동글 모양을 낸 후 납작하
게 눌러 준다.

3 에어프라이어(또는 오븐)에서
180℃로 15분 동안 구워 준다.

분유쌀쿠키

분유로 만드는 고소한 쌀쿠키입니다. 이앓이를 하는 아이를 위해 만들어 보세요. 간지러운 잇몸을 완화시켜 주고, 끼니 사이에 간식으로 주면 좋습니다.

NO EGG

○ **소요 시간** 20분

◻ **재료**
○ 분유물 30ml ○ 쌀가루 50g ○ 버터 10g

1 볼에 모든 재료를 넣고 한 덩어리가 되도록 반죽해 준다.

2 반죽이 부드러워지도록 치대고 적당한 크기로 모양을 낸다. 이때 손으로 반죽을 쥐었다 피면 예쁜 모양을 낼 수 있다.

3 에어프라이어에서 160℃로 13분 동안 구워 준다.

➕ 오븐 이용 시 170℃로 15분 동안 구워 주세요.

사과
달걀쿠키

쿠키가 든든할 수 있다는 생각을 해 보셨나요? 달걀과 쌀가루, 오트밀까지 들어가서 든든한 메뉴입니다.

○ **소요 시간** 20분

🥣 **재료**
○ 사과 20g　○ 분유물(또는 우유) 30ml　○ 오트밀 35g　○ 쌀가루 50g　○ 달걀 1개

1 사과는 잘게 다져 준다.

2 볼에 오트밀, 쌀가루, 달걀, 분유물과 **1**을 넣고 한 덩어리가 되도록 반죽해 준다.

3 종이포일 또는 오븐팬에 반죽을 먹기 좋은 크기로 모양을 낸다.

4 에어프라이어에서 160℃로 15분 동안 구워 준다.

✚ 오븐 이용 시 170℃로 15분 동안 구워 주세요.

참깨쿠키

참깨가 들어가 정말 고소한 쿠키입니다. 어떠한 첨가물도 없이 집에서 맛있는 쿠키를 만들 수 있습니다. 길쭉하게 만들면 아이가 쥐고 먹기 좋아 외출 시에 준비하면 편리합니다.

NO EGG

○ 소요 시간 15분

🍶 재료

○ 참깨 5g   ○ 쌀가루(또는 찹쌀가루) 40g   ○ 버터(또는 현미유) 10g
○ 분유물(또는 우유) 30ml

1 볼에 모든 재료를 넣고 한 덩어리가 되도록 반죽해 준다.

2 먹기 좋은 크기로 모양을 낸다.

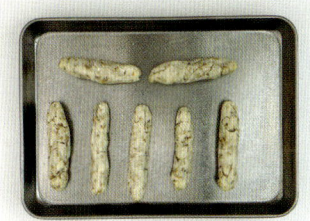

3 에어프라이어에서 160℃로 13분 동안 구워 준다.

✚ 오븐 이용 시 170℃로 15분 동안 구워 주세요.
✚ 반죽은 치댈수록 부드럽게 즐길 수 있어요.

당근땅콩
버터쿠키

당근과 땅콩버터의 조합을 상상해 보셨나요? 고소함이 정말 잘 어우러지는 조합입니다. 당근이 익으면서 단맛이 올라와 맛있게 즐길 수 있습니다.

NO
EGG

🕐 **소요 시간** 20분

🥘 **재료**
○ 간 당근 30g   ○ 땅콩버터 10g   ○ 오트밀 25g

1 당근을 강판에 갈아 준다.

2 볼에 **1**과 모든 재료를 넣고 한 덩어리가 되도록 반죽해 준다.

3 먹기 좋은 크기로 모양을 낸다.

4 에어프라이어(또는 오븐)에서 170℃로 8분 동안 구워 준다.

사과바나나
오트밀쿠키

사과에 바나나까지 더해져 식이섬유가 풍부한 쿠키입니다. 입맛 없는 아이의 식욕을 더해 주고, 변비로 고생하는 아이에게 더할 나위 없이 좋은 메뉴입니다.

NO
EGG

○ 소요 시간 20분

🍳 재료
○ 바나나 70g ○ 사과 40g ○ 오트밀 30g ○ 땅콩버터 10g

1 바나나는 으깨 준다.

2 사과는 갈거나 다져서 준비하고 1과 섞어 준다.

3 2에 오트밀과 땅콩버터를 넣고 한 덩어리가 되도록 반죽해 준다.

4 오븐 용기에 얇게 펴고 오븐에서 170℃로 15분 동안 구워 준다.

5 다 익으면 한 김 식힌 후 먹기 좋은 크기로 잘라 준다.

+ 딱딱하지 않고 부드러운 식감입니다. 식은 후 잘라야 뭉개지지 않습니다.

그래놀라

시중에 판매되는 그래놀라는 너무 딱딱하고 달아서 아이들이 먹기에는 부담스럽습니다. 아이들이 좀 더 부드럽게 먹을 수 있도록 만든 메뉴입니다. 요거트에 곁들여 보세요.

NO
EGG

⏱ **소요 시간** 20분

🍳 **재료**
○ 오트밀 90g ○ 블루베리 20g ○ 버터 30g ○ 땅콩버터 10g

1 볼에 블루베리를 제외한 모든 재료를 넣고 반죽해 준다.

2 1에 블루베리를 넣고 살짝 섞어 준다.

3 오븐 용기에 3을 넓게 펴 준다.

4 에어프라이어에서 140℃로 20분 동안 구워 준다.

➕ 오븐 이용 시 150℃로 20분 동안 구워 주세요.

분유쿠키

분유로 만든 쿠키는 아이에게 모자란 분유를 보충하기에 정말 효과적입니다. 외출 시 만들어 가지고 나가면 떡뻥을 대신하기도 좋고, 소근육 발달에도 좋습니다.

○ **소요 시간** 20분

🍶 **재료**

○ 버터 10g   ○ 달걀노른자 2개   ○ 분유 30g   ○ 쌀가루 10g

1 달걀은 노른자를 분리해서 준비하고, 버터는 전자레인지에 돌려 녹여 준다.

2 볼에 모든 재료를 넣고 한 덩어리가 되도록 반죽해 준다.

3 지퍼백에 **2**를 담고 끝을 잘라 준다.

4 오븐 용기에 반죽을 아이에게 맞는 크기로 짜 준다.

5 에어프라이어(또는 오븐)에서 160℃로 5분 동안 구워 준다.

➕ 쿠키의 크기에 따라 굽는 시간이 가감될 수 있습니다.

브로콜리
치즈팝

데치기만 한 브로콜리를 아이가 잘 안 먹는다면 치즈와 함께 한 번 더 구워 보세요. 치즈 맛이 더해져 맛있게 즐길 수 있습니다.

NO
EGG

◯ **소요 시간** 20분

🍯 **재료**
◯ 브로콜리 조금   ◯ 아기치즈 1장

1 브로콜리는 끓는 물에 5분 동안 데쳐 준다.

2 컵으로 브로콜리를 눌러 납작하게 만든다.

3 키친타월로 물기를 제거한다.

4 브로콜리 위에 치즈를 올려 준다.

5 에어프라이어(또는 오븐)에서 170℃로 10분 동안 구워 준다.

단호박두부 오트밀쿠키

오트밀은 쿠키로 만들기 정말 좋은 식재료입니다. 식이섬유가 풍부하고 식감이 부드러워 아이들이 건강하게 먹기 좋습니다.

NO EGG

○ 소요 시간 15분

📋 재료
○ 삶은 단호박 40g ○ 두부 30g ○ 오트밀 30g

1 삶은 단호박은 으깨 준다.

2 두부는 물기를 제거하지 않고 으깨 준다,

3 모든 재료를 볼에 넣고 한 덩어리가 되도록 반죽해 준다.

4 먹기 좋은 크기로 모양을 낸다.

5 에어프라이어(또는 오븐)에서 160℃로 10분 동안 구워 준다.

+ 호박의 수분 정도에 따라 오트밀을 추가해 주세요.

고구마
아몬드쿠키

아몬드 가루는 불포화지방이
풍부해 아이들에게 좋은 지방
을 공급할 수 있습니다. 또한
비타민 E가 풍부해 죽 이유식
과 또 다르게 영양가를 보충할
수 있습니다.

○ **소요 시간** 15분

🍶 **재료**
○ 삶은 고구마 50g ○ 달걀노른자 1개 ○ 아몬드 가루 35g ○ 무염 버터 10g

1 삶은 고구마는 으깨 준다.

2 볼에 모든 재료를 넣고 한 덩어
리가 되도록 반죽해 준다.

3 먹기 좋은 크기로 모양을 낸다.

4 포크로 무늬를 만들어 준다.

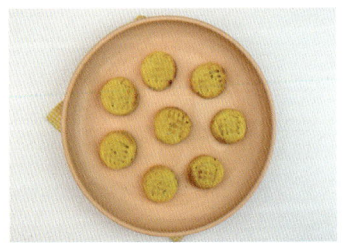

5 에어프라이어(또는 오븐)에서
160℃로 15분 동안 구워 준다.

➕ 버터 대신 올리브오일, 아보
카도유 같은 오일을 사용해
도 좋습니다.

오트밀퓌레
쿠키

오트밀, 쌀가루와 과일 퓌레는 이유식에 정말 많이 사용하는 식재료입니다. 이 3가지 재료로 색다른 쿠키를 만들어서 아이가 입맛이 없는 날 제공해 보세요.

NO
EGG

○소요 시간 20분

🥣 재료
○ 오트밀 20g   ○ 쌀가루 20g   ○ 과일 퓌레 50g

1 볼에 모든 재료를 넣고 한 덩어리가 되도록 반죽해 준다.

2 종이포일 또는 오븐팬에 반죽을 소분한다.

3 손가락으로 가운데를 눌러 모양을 낸다.

4 에어프라이어에서 160℃로 15분 동안 구워 준다.

✚ 오븐 이용 시 170℃로 15분 동안 구워 주세요.
✚ 이 레시피에서는 사과 퓌레를 이용했습니다.

연두부칩

첨가물 없이 오로지 연두부로
만 만든 맛있는 과자입니다.

NO
EGG

○ **소요 시간** 5분

🕐 **재료**
○ 연두부 1팩(약 90g) ○ 쌀가루 25g

1 연두부는 부드럽게 으깨 주고 쌀
가루와 한 덩어리가 되도록 반죽
해 준다.

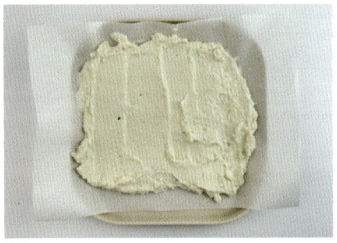

2 종이포일에 **1**을 얇게 펴 준다.

3 전자레인지에 넣고 3분 돌려 준
후, 다 끝나면 2분을 추가해서 더
돌려 준다.

╋ 이가 없는 아이가 먹을 수 있을 정도로 말랑말랑한 식감입니다.
╋ 더 바삭한 것을 원하면 추가로 2분을 더 돌려 주세요.

8장

♡～♡～♡～♡～♡

곁들여 먹으면
좋은
잼 & 소스

블루베리잼

슈퍼푸드로 잘 알려진 블루베리를 이용해 잼을 만들어 보세요. 각종 빵이나 생선, 고기에 곁들이면 맛을 더할 수 있습니다.

NO
EGG

⏱ **소요 시간** 15분

⚖ **재료**
○ 블루베리 60g   ○ 배 60g(또는 배즙 100ml)

1 블렌더에 배와 블루베리를 넣고 갈아 준다.

2 냄비에 **1**을 넣고 약불에서 5분 동안 끓여 준다. 이때 눌어붙지 않게 계속해서 저어 준다.

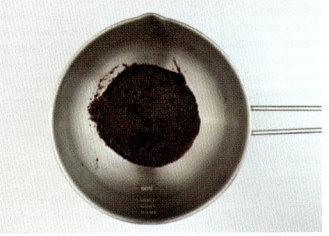

3 색깔이 진해지고 농도가 끈적해지면 불을 끈다.

✚ 냉동 블루베리를 사용할 경우 물로 한 번 씻은 후 물기를 빼 주세요.

사과
시나몬잼

머핀이나 쿠키에 곁들여 먹기 좋은 잼입니다. 단맛은 최소화하고 사과의 식감을 최대한 살렸습니다. 이유식이나 유아식을 만들 때 설탕 대신 직접 만든 사과잼을 넣어 보세요.

NO
EGG

⏱ **소요 시간** 10분

🍯 **재료**

○ 사과 100g   ○ 시나몬 파우더 약간   ○ 물(또는 사과즙) 60ml

1 블렌더에 사과와 물을 넣고 갈아 준다.

2 냄비에 **1**을 넣고 시나몬 파우더를 뿌려 준다.

3 약불에서 저어 가며 7분 동안 끓여 준다.

➕ 사과가 익기 전에 눌어붙는다면 물을 더 추가해 주세요.
➕ 물 대신 사과즙을 넣어 단맛을 더해도 좋아요.

오트밀
분유잼

오트밀을 포리지로만 즐겼다면 분유와 퓌레로 단맛을 더해 잼으로 만들어 보세요. 색다른 맛을 즐길 수 있습니다.

NO
EGG

○ **소요 시간** 10분

○ **재료**
○ 오트밀 50g ○ 분유물 150ml ○ 과일 퓌레 70g

1 냄비에 모든 재료를 넣고 섞어 준다.

2 중약불에서 저어 가며 5분 동안 끓여 준다.

✚ 더 부드러운 잼을 만들고 싶다면 블렌더에 모든 재료를 넣고 갈아 주세요.

귤
치아시드잼

귤이 제철일 때 만들어 오트밀
죽 토핑, 또는 소스, 빵에 올려
먹으면 좋습니다.

NO
EGG

⏱ **소요 시간** 5분

🍽 **재료**
○ 귤 1개 ○ 치아시드 3g

1 귤은 껍질을 까고 블렌더에 갈아
순나.

2 냄비에 **1**과 치아시드를 넣고 중
약불에서 5분 동안 끓여 준다.

3 내용물이 걸쭉해지면 식힌 후
냉장 보관한다.

➕ 귤껍질을 아이가 불편해한다면 채망에 걸러 즙만 이용해도 좋습니다.
➕ 귤즙만 이용할 경우 귤 2개를 사용해 주세요.
➕ 만들어 둔 잼은 일주일 이내에 섭취하도록 합니다.

아보카도
요거트
드레싱

빵에 발라 먹기도 좋고, 파스타 면에 함께 먹어도 좋은 소스입니다.

NO
EGG

◯ **소요 시간** 5분

🥄 **재료**
◯ 아보카도 60g   ◯ 그릭요거트(또는 요거트) 50g

1 블렌더에 모든 재료를 넣고 갈아 준다.

✚ 파스타 소스로 이용하면 정말 맛있는 한 끼가 될 수 있습니다.
✚ 만든 후 4일 이내에 섭취하도록 합니다.

오렌지
드레싱

생선과 정말 잘 어울리는 소스입니다. 아이에게 생선을 줄 때 비린내가 난다면 이 드레싱을 함께 이용해 보세요.

NO
EGG

○ 소요 시간 5분

🍽 재료
○ 오렌지즙 30ml ○ 아가베 시럽 1티스푼

1 오렌지는 스퀴즈를 이용해 즙만 짜 낸다.

2 **1**에 아가베 시럽을 넣고 잘 섞어 준다.

레몬커드

빵집에서 먹었던 상큼한 레몬커드를 상상하며 아이들이 먹기 좋게 개발한 메뉴입니다. 상큼하고 부드러워 무엇이든 곁들여 먹기 좋습니다.

⏱ **소요 시간** 5분

🧺 **재료**
○ 레몬즙 30g ○ 달걀 1개 ○ 아가베 시럽 15g(생략 가능)

1 레몬은 즙을 짜 준다.

2 냄비에 **1**과 나머지 재료를 넣고 저어 준다.

2 내용물이 잘 섞이도록 저어 준 후 약불에서 약 3분 동안 끓여 준다. 이때 눌어붙지 않도록 계속 저어 준다.

✚ 거품기를 이용하면 좀 더 쉽게 만들 수 있습니다. 바닥에 거품기가 지나간 자국이 남을 때까지 익혀 주세요.

바나나커드

바나나푸딩을 생각하며 만든 메뉴입니다. 바나나가 들어가 부드럽습니다. 변비가 심한 날 푹 익은 바나나로 만들어 보세요.

○ 소요시간 5분

△ 재료
○ 분유물(또는 우유) 100ml ○ 쌀가루 1스푼 ○ 달걀노른자 1개 ○ 바나나 40g

1 냄비에 모든 재료를 넣고 섞어 준다. 이때 비나나는 으깨 준다.

2 중약불에서 약 2분 동안 끓여 준다.

3 팬에 주걱이 지나간 자국이 남으면 불을 끈다.

+ 식혀서 냉장 보관하며, 만든 후 5일 이내에 섭취하도록 합니다.

두부
마요네즈

두부를 이용해 부드럽게 만든 마요네즈로 빵 위에 올려 먹거나 고기 위에 소스로 먹기 좋습니다. 마요네즈 위에 생선을 구워 올리거나 파스타면과 섞어 주면 또 다른 별미가 탄생합니다.

NO EGG

⏱ **소요 시간** 5분

🥣 **재료**

⚬ 두부 1/2모(약 120g)   ⚬ 올리브유 1스푼   ⚬ 레몬즙 1스푼

1 두부는 끓는 물에 데쳐 키친타월로 물기를 제거한다.

2 블렌더에 모든 재료를 넣고 부드럽게 갈아 준다.

2 완성한 마요네즈는 냉장고에 넣어 보관한다.

✚ 연두부를 이용해 만들면 더 부드럽게 즐길 수 있어요.
✚ 첨가물이 별도로 들어가지 않았기 때문에 5일 이내에 섭취하도록 합니다.

과카몰리

과카몰리는 으깬 아보카도에 양파, 토마토 등을 넣어 만든 소스입니다. 과카몰리에 토마토를 으깨 넣어 만들어 보세요. 소스로 이용해도 좋지만 다른 메뉴와 함께 곁들여 먹기 좋은 메뉴입니다.

NO
EGG

○ **소요 시간** 5분

🍱 **재료**
○ 방울토마토(또는 토마토) 50g   ○ 아보카도 50g

1 토마토는 +로 칼집을 내 끓는 물에 데쳐 껍질을 벗겨 준다.

2 아보카도는 으깨 준다.

3 볼에 **1**, **2**를 넣고 고루 섞어 준다.